棒球驚嘆句 3

Baseball Quotes 3

好讀出版

陳志強、羅國禎——著

推薦序

故事性十足的兩位作者

曾文誠

《棒球驚嘆句》第三集上市了。這是一件很不容易的事，在出版業艱難的現今，更何況是運動書籍。猶記得二〇〇四年我去雅典轉播奧運比賽，還得趕學校的碩士論文，然後還有《棒球驚嘆句》的「首部曲」要寫，只是那時怎麼也想不到這書還可以出到系列，只知道當時自己分身乏術了，稿子一直拖著，那實在不是我的作風，最終沒辦法，只好向我的同事曾湋文求救，總算順利把書出版了，而且不論是讀者、球迷，甚至職棒的選手、教練都給予極大好評，相信應該也賣得不差才是，只要出版社老闆沒賠錢，我就覺得那是大功德一件了。

而當初找另一寫手來救援，沒想到有點小陰錯陽差地成為這一系列的「傳統」，自此之後，都是由兩位作者合力寫作。第二集是由筆名「正義鷹大俠」的網路作家還有現為棒球經紀人的鄭又嘉共同完成，如果你還沒看過精彩的第二集，快去買一本來看。

《棒球驚嘆句》是以中外棒球選手或教練的某句話語做為發想，引出他道出此言的背後故事及話中含義。要說的是第三集兩位作者陳志強及羅國禎，本身就是故事性十足的人。

先說國禎好了，對棒球迷而言他的名字不算陌生，且帶點傳奇及激勵人心的色彩，最早他是緯來體育台主播，後來他去逐夢了，為了完成打職棒的夢想，他離開光鮮亮麗的主播台，從業餘成棒隊一路慢慢打起，完成別人不敢想、不敢去做的事。

我在讀到他寫的那篇〈當一個球員就是貪心〉郭建宏投手的故事時，心想國禎應該就是看到他自己吧！別人對郭建宏那句：「終於站上職棒一軍投手丘的感受？」一時，那不就等同於問他自己嗎？同樣非科班出身，最後都完成了職棒一軍的夢想，這當中到底有多不容易，只有國禎心裡最清楚吧！所以文末這段：「（郭）時間雖然不算長，但絕對像是夜空的煙火一樣，璀璨四射印象深刻，他絕對不會是最後一個成功挑戰者，但他是撞開職棒天空的發射者，激勵出更貪心的球員、更寬廣的天空，還有更貪心的遠大棒球夢。」對三十四歲總算上了一軍打擊區的國禎而言，何嘗不是一段自我對話的結束。

本書另一作者陳志強，我在我的棒球書《野球人生—別無所「球」的追夢人》曾寫過他的故事，同樣的，如果你還沒看過他，去買一本。

一如書中所述，筆名「城牆」的陳志強是個在台灣極少數的死忠雙城球迷，書寫可能會沒什麼人看的冷門球隊文章，是需要非常大的耐心及熱情，面對質疑時，城牆的回答是：「我是真心喜歡雙城隊，即使最愛的Joe Mauer已退休，但還是不變，寫雙城時，已經有承受心理準備要沒有太多人看的結果，但我認為寫其他隊對我來說是沒有靈魂的、白費力氣的，我寧可只有少數人看到，但卻因為我的文章而喜歡這支隊伍，我們一起陪著這支球隊成長。」

所以對陳志強而言，他做的是件有「有靈魂」的事。因此當他完成生平第一本書（恭喜他），也就是《棒球驚嘆句》第三集，他的文章裡頭會出現雙城的總教練巴德利（Rocco Baldelli）及茂爾（Joe Mauer），甚至從雙城展開旅美之路的胡智為也就不令人太意外了。

我喜歡巴德利那句：「雖然我們輸了，但我們值得抬頭挺胸」，在這篇文章最後陳志強寫道：

不諱言棒球是「結果論」的運動，不到最後不知道結果，難脫「成敗論英雄」的窠臼，然而又有誰能斷言「這就是結果」？英雄比的是「氣長」，球員生涯發展未能盡如人意的巴德利，轉換角色重新出發、寫下不凡篇章。人生在世必然伴隨遺憾與惋嘆，正如屢屢與疾病奮戰的他，箇中道理了然於心；也像面對洋基「魔障」而堅挺不屈：「雖然輸了，但我們值得抬頭挺胸。」的他，雖然在季後賽敗陣，但卻贏得了一個多月後的「最佳教練獎」，險勝的對手正是洋基教練布恩（Aaron Boone）。

這也映照了陳志強本人的生命歷程，和一般人稍許不同的身體，他卻活得比任何人自在，永遠笑口常開並感染身旁的人，他不在意之前的文章有多少人看，他在做有靈魂的事，他比的是氣長，時間最後也要證明真正的英雄是他。

《棒球驚嘆句》第三集上市了，真的不容易，不過我發現每一集出書的間隔時間其實在縮短之中，那代表之前的兩本寫得還不錯，讀者也支持，那就麻煩繼續下去吧，相信第四集很快會與各位見面的！

序

人生的驚嘆號

陳志強

茫然人生海海，除了充滿問號，偶爾也會穿插一些驚嘆號，這回因緣際會參與《棒球驚嘆句》第三集的撰寫，對我而言就是意義重大的驚嘆號。

十多年前，曾經以為最愛的中信鯨解散就會心死、再也不看不聽不聞不問棒球，如今卻和國禎賢拜攜手出了棒球書，一方面誠惶誠恐深感榮幸，另一方面也體會到命運好好玩。走著走著就碰到從沒想過的風景。

謝謝二〇一四年盛夏的自己，憑著熱血與衝勁，成立粉絲專頁《城牆裡的棒球事》，開啟這段奇幻旅程。從大學生、研究生一直到畢業後總是努力擠出時間寫作、經營臉書粉專、分享棒球消息，職場漂泊浮沉，但對棒球的熱情堅定不移。陸續在運動視界、聯合新聞網、Yahoo等平台發表文章，一介非運動本科系出身的

「素人」能有此際遇，可遇不可求，無比珍惜。

我們活在一個劇烈變動的時代，不管是資訊傳遞的速度或是接收新知的方式，都和以往有顯著不同，出版業、雜誌期刊等紙本傳媒逐漸式微，恐怕是巨輪下不得不面對的趨勢。人們講求「速食」和便捷，資訊的「保鮮期」愈來愈短，但遺忘的速度也愈來愈快，畢竟來得快的東西往往去得也快，在疾速奔馳的氛圍下，相信還是有些事物、信念，應該被好好記載、被深深紀念。

許多東西都要實際去嘗試才會發現有多麼不簡單、不容易，過去習慣在網路上敲敲打打的我，按個「送出」鍵幾乎即大功告成，但寫書並非如此，實是浩大工程，包括諸多考量討論、篇幅限制遠比想像中曠日廢時、歷經一波三折或計畫趕不上變化，衷心希望被付印出來的文字不愧於那些被砍下來造紙的樹木，因此在蒐集資料、行文時格外謹慎。

我撰寫的篇章絕大多數是在二〇二〇年就完成的，可惜又過了幾個月才得以成書與各位分享，這段時間以來，我常去的「大新莊打擊場」成為時代的眼淚、曾叱吒風雲的蘋果日報走入歷史、大聯盟開打後當紅炸子雞大谷翔平全壘打一支接一支、中華職棒因疫情爆發停賽……時間一逕往前，不管好的壞的。

紛紛擾擾喧喧鬧鬧，更期望本書能給人撐下去的力量。希望倪福德的「活在當下」能引起共鳴；希望胡智為的故事能教會我們「無悔」；希望鈴木一朗的語重心長能讓我們懂得「無常」；希望達比修有的呼籲能讓「網路霸凌」更被重視；希望李維拉（Mariano Rivera）、波西（Buster Posey）和茂爾（Joe Mauer）等人的態度能發人深省，希望上百則「短語錄」能激盪火花。棒球的世界無窮無盡，愈挖掘愈多愈覺得自己懂得愈少，能力所及試著呈現得豐富多元，期許讓讀者得以窺見更多面向風味，國禎前輩筆下的人物金句亦有他獨特的觀點視角，值得細細品嘗咀嚼。

謝謝景仰的前輩曾公的肯定與信任、搭檔國禎哥的齊心合力以及常Sir、卓君澤、徐裴翊等推薦人和我身邊的家人朋友們，也感謝出版社的銘桓、恩綺和鄧總編的支持，是你們讓「城牆」這詞從今而後被賦予特別涵義。

願此書中的棒球人、故事、名言語錄能成為一股股暖流或一座座燈塔，在任何時刻，陪伴與照亮每一段徬徨的迷途。

序

感謝他們創造了這些棒球故事

羅國禎

《棒球驚嘆句》第三集，但其實我兩度快要放棄寫這本書了。第一次是最初開始的時候（對，哈哈），剛開始就有放棄的念頭，起初編輯問我有沒有興趣時，大概只有一半一半，主要當然因為是從沒有經驗過，再加上從小我就是一個被老師評為不愛讀書的人，突然叫我寫書，好像有點不合適。其實也因為心裡不是很有把握。所以編輯馬上就問了，要不要先把前面兩集寄給我參考看看？搞不好會燃起一些鬥志，我為了展現我的誠意，就說：「我馬上衝去買《棒球驚嘆句》第二集，第一集比較有年代了買不到，」再請她寄過來。

等到書寄過來後，我再把這兩集一起放上書架，這才發現書架上已經有一本《棒球驚嘆句》第一集了，驚訝之間把這本舊書打開來一看，第一頁竟然還有簽名，三個大字曾文誠。才想起在某次的活動上，曾大哥曾經送了我本書，還附了親筆簽名。（果然我是壞學生，連已經有一本都還不知道），一邊慚愧一邊把它拿出來再細細品嚐，真是每嚼一口，那慚愧感好像又越咬越深了。書裡大部分都是兩位大前輩的採訪心得和小故事。其實對於採訪這塊，我是蠻有信心的，畢竟我也是當過記者、球評、球員還有球團行銷，對於球場的各種剖析應該都有滲透。但看完書後我百分百肯定，我是寫不出來的，真的。

像書裡的劉義傳、吳復連、鄭昆吉……等等，裡面故事的背景年代，應該是我國小或國中吧，那時的我應該都是在廣播或電視上，不然就是看台上，遠距離欣賞這些球星。球場裡發生什麼事或是休息室裡的小劇場，是完全無法接觸到的。但書裡描述的、讀到的一字一句，依稀還可以聞得到台北市立棒球場的老舊味，還有大門口牌坊的油漆味。只有親身觸摸這個年代和參與，才有辦法寫出的溫度和歷史感。

於是我決定了，要來試試看，能把我這年代的人物介紹給大家的機會應該要好好把握，因為在這個時空下，所見識到球場的一切，現在不寫起來，可能以後那種風味和氛圍就不一樣了。而且在當球員時期，曾經遇過大低潮，本來就沒有比賽經驗的我，完全就陷在泥沼裡面打轉，也是在那段時間，會去找球員的傳記來看，最深刻的就是鈴木一朗的一段話，「遇到低潮時，反而要用興奮的態度去面對，因為可能會是技術的反動力」。這段話真的拉了我起來，轉念思考一下，也許在最壞的時候，會找到最適合的棒球技術，到現在我還是很感念這句力量極大的棒球驚嘆句。

第二次有放棄的念頭是開始寫後（好像跟第一次沒有隔太久耶），畢竟已經脫離寫稿好幾年了，應該有十年了吧，這些年間重心比較放在打球和後來的影片製作，雖然想要把影音的模式轉成文字，但有些抓不到感覺，剪接影片的時候，只要把所有素材串起來，然後一直試各種組合。大概就能有點雛形，感覺不好時再加個音樂，慢慢就會有個進度了，但寫作不一樣，坐在桌子前，想不出東西時，屁股坐再久，還是白紙一張。剛好那陣子又遇到疫情最嚴重的時刻，變成其他工作增加負荷，事情全擠在一起的時候，沒靈感就是沒靈感。

幸好另外一位作者陳志強不斷給我建議。寫書之前我是完全不認識他的，只知道他有個資深棒球網站叫城牆。專門寫一些大聯盟球員的故事，所以第一次約他出來討論的時候，有點嚇一跳，看起來只是一個二十出頭的大學生模樣。雖然稚嫩卻很負責也很熱心，把我們所有的稿子做了表格，如果哪塊有缺一些小細節，他會立刻補滿。所以我只要專心寫人物就好。

我非常幸運遇到了陳志強、曾文誠以及總編輯鄧茵茵，才能完成這本書，他們的激發對我來說就是驚嘆句，不見得是一句話，而是一些暖心的舉動，所以在尋找這本書裡的人物時，我也希望能不單單是介紹球員，還有一些球場內外努力奉獻的好人好事代表。認真和真誠是不分職業的，不只他們的經典語錄感動了我，而是他們的所作所為打動了我、影響了我、驚嘆了我。感謝他們創造了這些棒球故事。

走進球場，拚盡全力

求勝，抬頭挺胸

棒球，人生課題

生命，堅持到底

走進球場，拚盡全力

當學長，我可以像原本那樣做自己、做給他們看，做隊長，除了做好之外，還要做得更好，每天都不能鬆懈，每一場都要拿出百分之兩百的精神拚給他們看。

～味全龍林旺衛談「隊長」職務的責任

當一個球員就是要貪心

郭建宏

郭建宏

非科班出身職棒球員，直到高中畢業，他都沒有進入過棒球隊，直到保送進中正大學後，才從乙組棒球隊跨出棒球生涯的第一步。

二〇〇六年中職季後新人選秀會中信鯨隊第一指名。二〇〇九年中職年度二軍勝投王。

二〇〇八年十月三日的晚上，八局下半四比〇領先的La New熊隊，走上場內的是球迷陌生的五十八號救援投手，經過八顆球練投後已經滿身是汗，肢體藏不住的緊張，摘下了帽子擦擦頭上的汗水後，投出了他生涯登板的第一顆球，飆上一四四公里，第二顆也來到了一四三公里。

這是他的職棒初登板，計分板打上了名字「郭建宏」，帶著稍微僵硬的身體，隨後被洋砲威納斯和黃政琦敲了兩支安打，總教練洪一中馬上喊了暫停上來投手丘安撫一下，穩定心情後郭建宏再連投出兩顆好球，接下來一顆外角偏低的速球進到了好球帶，打者站著不動被三振。這位菜鳥投手臉上總算有了些表情，露出了兩排牙齒，十足的菜味，有點像是河濱公園在玩球的小朋友，投三振後滿足的微笑，這位從來沒有三級棒球資歷（指少棒、青少棒、青棒）的乙組投手拿到了職棒生涯的第一個出局數，初登板留下兩次三振也被敲了一支全壘打，無關勝敗。

賽後記者訪問他：「終於站上職棒一軍投手丘的感受？」他的回答沒有慷慨激昂或是激情話語，而是相當白話卻也讓記者疑惑的一句：「當一個球員就是要貪心。」郭建宏馬上解釋：「當你是乙組球員的時候就要想辦法進甲組，成為甲

當你穿上球衣、踏上球場時，這感覺實在無比美好。
～教士隊明星內野手馬查多（Manny Machado）

組球員時就要想往職棒挑戰，在職棒二軍就要努力爬上一軍。」當時負責處理這條新聞的我，被這每句話給撼動到，「貪心」兩個字雖然很白話，卻也道出這位素人球員的心路歷程。

從國小到大學都不是科班棒球隊的郭建宏，受到巴賽隆納奧運棒球銀牌的影響，始終有一個棒球夢，到了中正大學展開乙組棒球生涯。一次因緣際會被鍾宇政教練看到，發現潛力，問他有沒有興趣到甲組發展，也開啟了第一貪，他被推薦轉往嘉義大學甲組棒球隊。

貪圖進步的心、更高的目標，一步步邁進，獲得了當時中華職棒中信鯨隊青睞，以選秀第一指名進入鯨隊成為測試球員，眼看夢想就在前方，不過後來因為月薪僅一萬八的薪資風波，讓他夢想突然登出，選擇離隊。所幸憑藉堅持和努力，另外一支La New熊隊決定網羅，職棒之路重新上線，二〇〇八年在二軍投出五連勝也被一軍教練團注意到。球季末升上一軍登板，寫下乙組球員傳奇的一頁。

畢竟當時職棒是超級窄門，一整年大約只有二十名選手可以進到這個最高殿堂，所以這齣乙組球員追夢新章，照亮所有還在奮鬥夢想的球員，有個中正大學的，踏上新莊棒球場和澄清湖球場的夢幻草地，這個故事激勵了不少小朋友、大朋友以及……我這個新朋友，還在當記者時期和郭建宏有過幾次採訪互動，貪心的語錄和字幕也早就植入想法中。

當我轉換到職棒球員的角色後，能更近距離去觀察這座標竿，這位素人前輩，在場上總是能保持職棒級的訓練和光芒，卻還是維持乙組球員的積極和謙虛，遇到時總會給你一句「嗨、好好加油喔」，但在科班好手充斥的職棒圈中，我們都很清楚只憑加油是不夠的，絕對要花更多倍的力氣才有辦法站穩腳步。

在我球員生涯第一次站進打擊區那天，前面兩個打席沒有安打，到了第九局剩下僅存的最後機會（二〇一一年二軍沒有延長賽），對手La New換上的投手就是郭建宏。即將面對的這個魔幻時刻，我在心裡笑了一笑，我和他雖然沒有流著一樣的血，卻走過一樣類似的棒球軌跡，竟然在這相隔十八點四四公尺的距離相遇。

看他的眼神就知道，等下一定會是他拿手的快速直球對決，果然一四〇公里塞過來，我敲出了中外野方向的安打，上到一壘後他也給了我一個陽光般的微笑致意，我們都知道這是來自河濱公園的陽光，因為貪的信念，把它折射在職棒的

大三、大四他重訓做得很勤，力量提升不少，人只要有力量就有信心，當時儲存彈藥庫，後來在職棒大爆發。
～文化大學教練沈柏蒼談林安可

戰場，在這生涯首安的紀念時刻，有這位大學長參與，對我的意義特別深遠。

但郭建宏在二〇一一年底自行宣布引退，離開職棒後選擇改行轉至科技業上班，說是改行，不如說重回老本行，原本就是機械系的他，再度反轉了職業生涯，棒球員退休後不一定要在棒球圈求生存，中正大學的好學歷，打造出下半局穩定的科技人生。上半局在職棒總共奮鬥五年，投出不錯實績，拿下過勝投、拿下過單場MVP、甚至還投進球隊的季後賽。總共留下了二勝三敗三十一K還有一座二軍勝投王。時間雖然不算長，但像夜空的煙火一樣，璀璨四射令人印象深刻，他絕對不會是最後一個成功挑戰者，卻是撞開職棒天空的發射者，激勵出更貪心的球員、更寬廣的天空，還有更貪心的遠大棒球夢。

（羅國禎）

我看過我老爸的三枚戒指，我也想拚到我自己的。

貝林傑（Cody Bellinger）

貝林傑

左投左打的砲手，二〇一三年選秀會第四輪加入道奇，於二〇一七年攀上大聯盟舞台，菜鳥球季便挺進明星賽，整季三十九轟刷新國家聯盟菜鳥紀錄，獲新人王殊榮，二〇一九年繳出鬼神成績，囊括最有價值球員、金手套和銀棒獎，二〇二〇年更扮演道奇奪冠功臣，將棒球生涯再推向另一高峰。

限量是殘酷的，正如冠軍寶座只有一個，成王敗寇，近年屢屢闖進世界大賽舞台，卻總與金盃失之交臂的洛杉磯道奇，終於在二〇二〇年一吐怨氣，先後擊敗釀酒人、教士、勇士和光芒，笑納睽違三十二年的榮耀，重砲貝林傑（Cody Bellinger）整個季後賽出賽十八場，場場打滿全場，其中十七場鎮守中外野滴水不漏（一場擔任指定打擊），是眾多奪冠要角之一，這座冠軍對於貝林傑的背後意義是，圓滿了他以前提過的豪情壯志：「我看過我老爸的三枚戒指，我也想拚到我自己的。」

有道是：「虎父無犬子」，大聯盟歷史上確實出現許多赫赫有名的「父子檔」，例如「連棒開轟」的小葛瑞菲父子（Ken Griffey Sr.、Ken Griffey Jr.）、邦茲父子（Bobby Bonds、Barry Bonds）、畢吉歐父子（Craig Biggio、Cavan Biggio）和費爾德父子（Cecil Fielder、Prince Fielder）等，不勝枚舉、皆為佳話，而貝林傑的父親老貝林傑（Clay Bellinger）不但是昔日職棒好手，還是「福將」，此話怎講？老貝林傑雖是選秀第二輪出身，但攻擊火力較為貧乏，好在能勝任內、外野所有位置，讓他勉強在大聯盟待了四個年頭，而這四個他留有出賽紀錄的球季，三次他所屬的球隊最終都捧起金盃（一九九九年洋基、二〇〇〇年洋基、二〇〇二年天使），世界大賽替李維拉（Mariano Rivera）「沒收」全壘打的一幕更蔚為經典（網路上能輕易找到影片回味），如此「靈氣」似乎也默默加持其子貝林傑，註定其未來的棒球路亦將不凡。

和許多球星二代相同，貝林傑自小受到父親關於棒球的耳濡目染、言教身教，早早嶄露頭角，出征威廉波特、二〇〇七年於世界少棒大賽敲出全壘打，高中畢業後更以第四輪之姿踏進職業殿堂，敏捷矯健、運動能力出類拔萃的他青出於藍，不到二十歲就在小聯盟單季三十轟、百打點，名列道奇重點新秀，充分將「有個拿過大聯盟冠軍的老爸」的壓力化為助力，二〇一七年首度站上大聯盟打擊區，便對巨人揮出安打，並成為隊史第三位初登場就獲得故意保送的球員，雙響砲、完全打擊都在菜鳥年完成，實屬不易。

值得一提的是，全壘打大賽商請父親擔任餵球投手（註），父子攜手「作戰」，貝林傑在首輪敲出十五發全壘打，打敗洛磯布萊克蒙（Charlie Blackmon），次輪才飲恨敗給當屆冠軍賈吉（Aaron Judge），老貝林傑受訪表示：「這很酷，也是很棒的體驗，他第一輪狀況不錯，在打擊區發揮得淋漓盡致，尤其靠『再見轟』晉級，實在特別，他很開心所以我也非常開心。」言語中

教練也是一個教育的角色嘛！你要讓他更好，所以不只是球場上，我們要更全方位，畢竟他未來路還很長，希望他可以更健全一點，以更健康的品質離開學校，可以快樂長大。
～耕耘基層棒球的「張班長」張志強

滿是對兒子的驕傲之情，那發致勝右外野全壘打一出，老貝林傑高舉著雙手、目送球落向觀眾席，欣喜若狂溢於言表。人們總說，不管你長得多大，在父母眼中永遠是小孩子，在投手丘的老貝林傑，眼中的貝林傑想必一方面已從小男孩成為男人、一方面還是他永遠的心肝寶貝。

這年貝林傑打破由伯格（Wally Berger）、羅賓森（Frank Robinson）共同保持的國聯菜鳥最多轟紀錄，理所當然秋風掃落葉囊括所有第一名選票、拿下國聯新人王（美聯新人王得主正是全壘打大賽擊敗他的洋基賈吉，也是全票通過），縱然一次又一次用球棒打回分數，貝林傑仍謙虛以對，對棒球，有著他自己的獨特哲理和態度見解：「棒球是個不斷調整與修正錯誤的運動，畢竟球員不可能一直百分之百維持在最正確的狀態。」「棒球是講求中庸的運動，我不會太高估也不會過分低估自己。」

雖然東西方的觀念時常存在本質差異，但父母或多或少都有「望子成龍，望女成鳳」想法，父子感情甚篤，也有過長時間的正式師徒關係，老貝林傑點滴見證貝林傑的成長茁壯，亦不吝分享自身經驗與觀察，讓兒子進步，互動顯得溫馨無比，所謂「子承父業」，能克服「能在我父親走過的這條路更加成功嗎？」巨大壓力，才能走出自己的康莊大道。「雖然對我們來說打球是工作，但若能享受其中會表現比較好。」說明英雄出少年的他不僅熱衷比賽，也有成熟的心智。

二十年前，老貝林傑參與冠軍遊行時，貝林傑年幼的小小步伐跟隨其中，如今他也親手替自己戴上冠軍戒指，時空轉換，貝林傑季後賽展現美技接殺教士大帝士（Fernando Tatis Jr.）的全壘打時，老貝林傑也在現場目睹見證，並表示他收到不少道賀訊息：「你兒子正在追隨你的腳步！」

至於老貝林傑手上的三枚冠軍戒，且看剛「開胡」的貝林傑有沒有機會能夠追平、甚至超越了。題外話，隨著中華職棒年過而立，愈來愈多「星二代」陸續探出頭，如王光輝之子王威晨、賴有亮之子賴智垣接續衣缽，未來可能還有陳建川（陳連宏之子）、曹祐齊（曹竣崵之子）、陳佳樂（陳瑞昌之子）、洪宸毅（洪啟峰之子）、沈立宸（沈鈺傑之子）、王思穩（王金勇之子）、郭宸安（郭勇志之子）、張可洛（張泰山之子）等，一代新人換舊人，對於一路陪同球員長大的球迷們來說，一定會有更深的感觸體悟：原來這就是名為「傳承」的感動啊！

（陳志強）

註：全壘打大賽的父子檔不算罕見，近年來還包括坎諾父子（Robinson Cano、Jose Cano）和哈波父子（Bryce Harper、Ron Harper）。

只要有小朋友索取簽名，我一向來者不拒，因為我記得當我在那個年齡時的悸動心情，如果有人不幫孩子簽名，我會認為荒謬極了。

～名人堂重砲手湯米（Jim Thome）

雖然我不是最突出的，但我盡力了。

林威助

林威助

台中市出身，少棒、青少棒均有國手經驗，高中時赴日。二〇〇二年日本職棒選秀會阪神虎隊第七指名。二〇一四年返台加入中華職棒兄弟象隊。二〇一七年退役後轉任教練。

生涯入選多次經典賽、奧運中華隊國手、台日都擁有廣大粉絲。

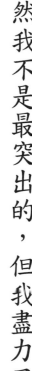

「雖然我不是最突出的，但我盡力了。」聽起來平淡，卻是最能拿來代表前旅日好手林威助的驚嘆句。

林威助的生涯戰功輝煌，不管在日本、台灣或是國際賽戰場，寫下的紀錄和留下來的經典語錄不勝枚舉，但如果要選最能代表林桑的驚嘆句，我會選這句，其實也不是什麼得獎感言或是MVP的英雄訪問，只是球員引退那一天，林威助對媽媽的小小告白。

提到林威助，就得要再講一次他的故事，因為大家對他的印象，都會覺得是半個日本人，其實他是土生土長的台灣囡仔，在台中出生並在國小時嶄露頭角，國中時到了名校中山棒球隊更是大放異彩，充滿天份的打擊能力，學生時期就是國家隊常客，而這名小小國手也吸引了日本的注意。

在因緣際會和父母支持下，高中轉往日本發展，於柳川高校奮鬥了三年，雖然只是一步之隔，還是沒能打進夢想的甲子園大賽，但是經過日式野球嚴格的洗禮，林威助的打擊能力早已震撼日本球界，出賽時都會吸引許多名將或球探到場觀察。

最後他也獲得了日本職棒阪神虎隊的肯定，以第七指名選中，成為日本職棒球員，值得一提的是，阪神大本營就是甲子園棒球場。所以總算一圓宿夢，遺憾

不一定是我上，也可能是後輩，我要更努力去爭取輪值，不要認為自己很厲害，位置已屬於我。
～桃猿強投王溢正 2021 年春訓期間戰戰兢兢不自滿

的是，當初決定要讓他赴日本的父親已經去世了，所以披上阪神球衣的加盟日那天，面對滿滿的日本記者，除了感謝球團的看重之外，他也說：「終於實現和爸爸的約定，很開心。」

林威助在阪神虎的第一次出賽，二軍首打席就敲出了三分全壘打，證明他來到日本最高殿堂，絕對不會是虛晃一圈，他成為老虎軍的中心打線，曾單季敲出十五發的全壘打，其中最著名的就是二〇〇七年六月十號，延長賽十局下半，對手剛好是軟銀鷹，總教練是自己兒時棒球偶像王貞治，林威助逮到機會，一棒將小白球送出甲子園的全壘打大牆，能在夢想草地上和偶像面前，用一支莎喲娜啦紅不讓打下勝利一擊別具意義。只可惜後來傷勢纏身，離開了日本職棒，但在日職留下的精彩表現仍讓日本球迷十分欣賞。

林威助全身充滿日式野球的細膩球風，讓中華隊每次只要有大型的國際賽事，教練團幾乎都不會忘記這門東洋巨砲，所以旅日生涯也多次犧牲休息機會，和國家隊一起奮戰，包含了亞運、奧運還有世界棒球經典賽，也讓台灣的球迷重新認識他。

除了打擊能力出色之外，超過十年以上的旅日生涯，養成場內、場外嚴謹的態度，注重棒球禮儀的氣質，加上濃濃的日式帥氣個人風格。一結束日本職棒生涯後，二〇一三年就帶著超高人氣，被中信兄弟以第三輪選上，並且被當時總教練謝長亨直接指派隊長任務，希望可以帶領新接手的中信兄弟打出新氣象，果然第一場比賽就由林威助敲出隊史第一發的全壘打名留青史，而在中華職棒最讓人讚賞的，還有關鍵代打的能力，常常都扮演致勝或是逆轉的功臣，「一球擊命」成為了中華職棒史上非常著名的響亮口號。

短短中職四年生涯，留下了許多經典鏡頭，最後也因為早期傷勢影響，二〇一七年就在球季中，選擇宣告引退，球季打完高掛球鞋。當時消息一出，也讓許多粉絲展開瘋狂追逐戰，不管到哪個場地，都會有一票死忠球迷追著跑，不想錯過他每個打擊身影。

該年林威助在中信兄弟二軍出賽，球隊順利打進五戰三勝制的冠軍戰，打完前三場拿下兩勝的聽牌優勢，但也代表第四戰將可能是林威助的棒球生涯最終戰，還沒開打賽前內野就擠滿了來自各地的球迷，還有日本粉絲特地坐飛機和趕車來到屏東棒球場，想要給他最後應援。這場冠軍戰林威助沒有先發，到比賽後半段終於出來代打了，走向了打擊區的同時，現場球迷也全部都站起來，唱起在日本阪神虎的應援歌，搭配著林威助手上拎的十八年前敲出生涯首轟同一支全黑球棒，熟悉的音樂和球棒，以及熟悉的揮棒動作，感覺時空有點錯亂，時間彷彿

他加入紅襪我跟他說恭喜時，他說不會去設限自己，當下我就開始更努力訓練，想要追上他，遇到劉致榮，真的會被他感染，一直往前。

～陳真談劉致榮旅美夢想成真對自己的影響

凝結了，只是這次球棒被保護得好好的，沒有揮到球。林威助遭到三振出局，全場卻是滿滿的掌聲、歡呼與祝福，全部的隊友已經排在場邊等著迎接他，林威助帶著淚水走回了休息室，眼淚代表的是，放下了這個從小到大將近三十年的球員工作。

所有來自各地的觀眾就為了等待這最後一刻，想把這身影記在腦海裡，其中也包含一位最重要的球迷，林威助的母親，林媽媽為了不讓他知道，自己偷偷從台中搭車趕到屏東，到了比賽結束後，才到球場內給了林威助一個擁抱，賽後紅著眼眶的他才提到：「國小的時候，爸爸工作完了都會帶著媽媽來看我打球，好像就是每天都會做的事，但決定要去日本時，爸爸就去世了，所以之後照顧我哥跟我的重任，全靠媽媽一手帶我們過來，我只想跟媽媽說，去日本十八年雖然不是很多事都很順利，但她一路照顧我們，供我們讀書、打球，我也沒想到可以打到職棒，加入我嚮往的阪神虎隊，我雖然不是最突出的球員，但我已經盡力了，希望她會為我感到驕傲。」

當天結束後，林威助也陪著媽媽一起搭著客運回台中，這場引退賽在簡易的屏東棒球場進行，並沒有正式的公告，比賽沒有引退儀式，沒有大螢幕沒有音響，一切就像林威助對棒球抱持的態度一樣專注和簡單，卻充滿溫暖，一切的一切都回到了最初。

拚盡全力就是林威助球員生涯的最佳寫照，聽他講過最欣賞的同期球員是阪神的神的金本知憲，佩服的不是他的全壘打或是連續出賽紀錄，而是金本知憲每次跑壘的積極，源自於對棒球百分之百的尊重，每次打擊出去都是盡全力跑向一壘，不管高飛球、平飛球或只是投手前的滾地球，都是賣力衝刺，也讓金本寫下連續一〇〇二個打席都沒有雙殺打的紀錄。

日式棒球的拚命精神，也是林威助留給台灣球迷最深的印象，每次打擊跑壘都毫無保留衝刺，每個守備都拚盡全力，不讓小白球落在地上，而這樣的身體力行，當上教練後，也把這個態度延續給台灣球員，從二軍嚴格的球場守則，到一軍的拚命奔馳，都是林威助想留下的野球靈魂，拚盡全力才是對棒球的最好尊重。

（羅國禎）

打棒球的收入已比一般人好很多，一定要更努力才對得起球迷。

～剛返台的高國輝受訪

我希望每次出賽都能投到至少七、八局。

史特拉斯堡（Stephen Strasburg）

史特拉斯堡

華盛頓國民隊史最重要的球星之一，二〇〇九年狀元郎，和隔年的哈波（Bryce Harper）皆受到高度關注，是萬眾矚目的「救世主」。生涯初登板便一鳴驚人，時稱「天才小史」，儘管始終受到許多傷勢困擾，仍在二〇一九年季後賽挑大梁，成為隊史第一座冠軍的大功臣，也是首位拿下世界大賽最有價值球員的選秀狀元。

由於聯盟強度以及運動本質的差異，棒球不若籃球般每年選秀都能補進馬上做出貢獻的「即戰力」，潛力新秀們幾乎皆得經過數載寒暑的磨練才能登上最高殿堂，在此背景下，學生時代便名滿全美、轟動武林的注目人物屈指可數，曾連兩年握有狀元籤的華盛頓國民隊，指名的史特拉斯堡（Stephen Strasburg）及哈波（Bryce Harper）便是如此狠角色。

正如童話裡沉睡的公主需要白馬王子拯救，在屢戰屢敗、被戲稱「萬年爛隊」的隊史黑暗期，這對不世出的「投打狀元檔」——「天才小史」和「怪力左打」成了國民球迷無比盼望的曙光、翻身之所繫，散發名為「救世主」的耀眼光芒，尤其身為奧運國家隊強投，史特拉斯堡舉手投足都是鎂光燈的焦點，二〇〇八年水手隊在「狀元爭奪戰」飲恨更讓水手球迷徒呼負負，顯得史特拉斯堡簡直夢幻瑰寶，令所有人都垂涎三尺，寄望納入陣中。

相較哈波大鳴大放的豪邁個性、一度在受訪時引用傑克森（Reggie Jackson）的經典名言：「球迷不會噓無名小卒。」史特拉斯堡則略顯溫吞，不過他在二〇一三年球季開打前，亦豪語表態：「我希望每次出賽都能投到至少七、八局。」那是屬於王牌投手對於球隊勝負一肩扛的企圖心。

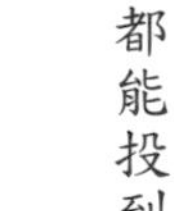

希望自己盡量被安排在假日場比賽，為業餘層級比賽帶來更多球迷，希望大家能多進場來為業餘選手加油。
～備戰爆米花聯盟的合庫王牌吳昇峰

「我想當輪值裡的中流砥柱，讓所有人都能倚賴我並且持續穩定的發揮。」

此番話的脈絡來自史特拉斯堡「關機」後的餘波盪漾，二〇一〇年六月九日對匹茲堡海盜華麗初登板（七局失兩分、狂飆十四次三振）後的兩個月，就確定要動湯米．約翰手術，二〇一一年季末復出表現優異，二〇一二年更榮膺開幕戰先發、首度入選明星賽，聲勢如日中天，但因為球團總管瑞佐（Mike Rizzo）刻意為之的控管局數、避免球隊重要資產受傷，畢竟他認為手術過後的第一個球季需要密切照料，若繼續出賽導致舊傷復發，是短多長空、因小失大。

國民最後讓史特拉斯堡先發二十八場、不到一百六十局就「關機」，作壁上觀，這在當時引發熱議，尤其明明季後賽門票在望，頓失一張手裡王牌平添變數，球團小心謹慎的態度使得「是否太呵護這位新人？」「面對風險過度保守！」「季後賽重開機？」等成為筆戰話題，該年季後賽國民在分區系列戰血戰五場不敵聖路易紅雀，若不做「關機」決策將會如何？沒人說得準。史特拉斯堡在休季期坦言：「那確實不是我希望球季結束的方式，但現在悔恨嘆息也沒有用，我把目標放在即將來臨的賽季，專心備戰。」

隔年球季，史特拉斯堡對費城人投出生涯首場完封勝，整季三十場先發、一八三局都更上一層樓，彷彿呼應季前的話語：「我愈來愈能注意到身體的變化，同時愈來愈成熟。」二〇一四年史特拉斯堡生涯首次單季兩百局，勇奪十四場勝投和三振王，國家聯盟賽揚榜名列第九，再創高峰：「我嘗試精準執行我的投球策略，迫使打者出局。」

好景不常，史特拉斯堡的生涯總與傷痛密不可分，被揶揄和哈波一樣有著「玻璃體質」的他多次進入傷兵名單，原因包括頸部緊繃、腹斜肌拉傷、肩傷、背部傷勢、手肘痠痛等，各部位應有盡有、琳瑯滿目，健康出賽時壓制力無庸置疑，但每年總會缺席長短不一的時間，眾人屢屢感慨：「若是不那麼容易受傷，那該有多好啊！」

不過史特拉斯堡在二〇一九年季後賽徹底燃燒，「一戰定生死」的外卡殊死戰對釀酒人中繼三局無失分、靠隊友逆轉摘勝投，僅休息兩天再對道奇先發六局失一分、飆十次三振。世界大賽對太空人的兩場先發都拿勝投，尤以背水一戰的第六戰差點完投、力壓韋蘭德（Justin Verlander），扳平戰局最為人折服。

似乎是彌補當年「被關機」的遺憾，全然豁出去的史特拉斯堡在二〇一九年季後賽六場出賽拿下五勝、這六戰國民都贏球，拿到隊史首座冠軍居功厥偉的他

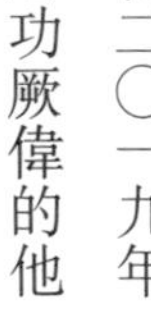

總有一天我還是會退休或離開這個地方，只要還在的一天，就盡心努力去把自己做到最好，然後能夠超越別人。
～「鋒砲」陳金鋒

也拿下世界大賽最有價值球員：「透過生涯遭遇的許多逆境，我學到自己是個完美主義者和控制狂，但棒球實在很難完美也很難控制一切。然而上場表現最好的自己，這是每次都能控制的事。」

封王香檳浴後投身自由市場的史特拉斯堡一度締造投手最大合約，讓人回想到昔日選秀簽約截止時間剩下七十七秒時與國民完成簽約，打破二〇〇一年小熊與普萊爾（Mark Prior）的舊紀錄，史特拉斯堡總是不缺話題性，走過高中低潮，大學蛻變重生，投過單場二十三次三振的一安打完封勝和十七次三振的無安打比賽，寫下百哩火球的「小史旋風」，睥睨群雄不可一世，但立過「每次出賽都能投到至少七、八局」目標的他，生涯投到第七局的比例僅四成出頭，世事豈能盡如人意？

如果說童話故事都要有個完美結局，那在二〇一九年「奪冠」或許恰如其分，只是這時哈波已不在，獨留史特拉斯堡與他的史詩壯舉，或許「完美」中本就伴隨著「不完美」吧！

（陳志強）

代表國家時，就算再細微的瑕疵都是不能忍受的。

李承燁

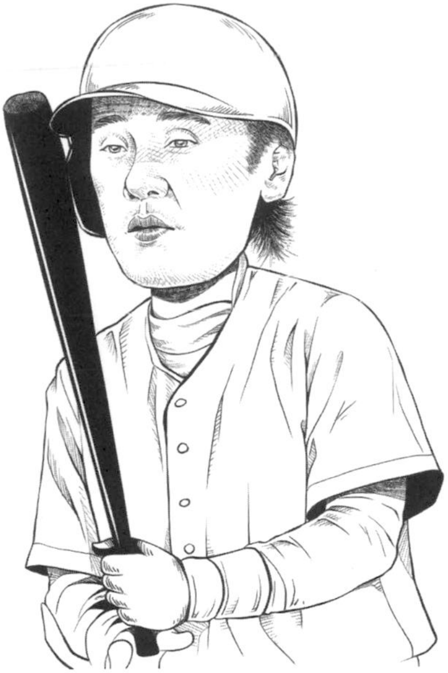

李承燁

韓國第四棒的國民打者，多次在國際賽轟出致勝全壘打，五次韓職全壘打王、MVP，二〇〇三年例行賽更創下單季五十六轟亞洲球員新紀錄。

二〇〇四年轉戰日本職棒，二〇〇五、二〇〇六年入選日職明星賽。二〇一一年離開日職後返回韓職，於二〇一七年退役。

「其實我們做的每件事情，都不光是自己一個人的事，而是代表整個職業棒球，因此都應該要來好好反省一下，我們只要有一個人做不好，大家就會覺得我們全部的人都做不好，所以盡量不要有一些不好的事情發生，因為不管是球迷或小朋友，他們都一定看在眼裡，我們的一舉一動一言一行，常會是小朋友和球迷學習的對象，我們應該要成為小朋友的模範，我自認在職棒生涯中，可能沒有達到球迷心中所期望的一百分，剩下的這些分數，拜託後輩們可以幫我彌補起來，我冀望球員不只是球技，還有行為舉止也是小朋友的表率，當小朋友被問到：你們的夢想是什麼，如果聽到：我長大要成為像具茲昱（李承燁在三星獅的後輩球星）一樣的選手，這樣我就心滿意足了。」這段話是李承燁在即將退休前三個小時的一段訪談，當時記者問能否給職棒後輩幾句勉勵的話。這段話也在台灣和韓國都引起了廣大迴響。

李承燁這個名字，台灣的球迷一定不陌生，不過是帶著一點又愛又恨的國家級情愫在看待這位韓國強打者，第一次給我們的痛擊是在一九九九年的亞洲盃錦標賽，和韓國爭取最後一張奧運門票的機會，打完六局以二比二平手，輪到當時已經創下許多全壘打紀錄的李承燁，逮中了曾翊誠的一顆滑球，掃到反方向的左外野標竿附近的全壘打，最後讓中華隊夢碎韓國蠶室球場。其實在九〇年代，每次的奧運資格賽或是正式賽，都是帶起全國狂熱的國家大戰，但這位韓製大砲卻常給予致命一擊，也讓李承燁很快地在國際間打響了名號。

二〇〇八年的北京奧運，四強賽的日韓情仇戲碼，八局下半日本已經換上中日龍隊的超級終結者岩瀨仁紀，結果李承燁又是一發致勝全壘打擊退日本（其實日韓之間運動賽事的愛恨情仇，遠比我們的中韓戰還要來得更深層），所以李承燁繞過一壘後興奮高舉雙手的動作，也成為韓國球迷心中最經典的畫面之一，隔天的金牌戰，李承燁再敲二分砲，帶領國家隊拿下史上第一面奧運棒球金牌，也把當時低迷的韓國棒壇，再推回最高峰，這夢幻般的英雄劇情，真實上演在奧運會場，超級抗壓的表現，也奠定他國民打者的稱號。就連接下來的國際賽事，這位韓國棒壇第一人，仍持續在關鍵時刻建功，像是面對眾多美國職棒大聯盟等級強投的世界棒球經典賽，也是接連用全壘打幫助國家隊搶勝。

就是因為這些戰役的表現，讓我對這位選手充滿好奇心，為何能在越緊張的時刻越能有好表現，台灣球迷常用「韓國陳金鋒」的稱號來形容他，在網路上也是少數能在鍵盤球迷中獲得正面評價的韓國好手。所以知道他要在二〇一七年

我認為他想讓大家知道人是不完美的，總有地方有缺陷，我們都很掙扎，但伴隨努力、勤奮，不完美的人還是能擁有完美時光！

～哈勒戴（Roy Halladay）遺孀緬懷丈夫

引退時，就緊盯賽程和韓國新聞，很希望能夠親眼看到這位好手在韓國的影響力，因為我總覺得有近距離的觀察，才能了解一位選手為何成功。

就在排定的十月三日引退賽，我來到了韓國大邱的三星獅主場，場內場外已經都是三十六號的旗子或是海報，這個大日子裡，也等到了李承燁進到場內做賽前練習準備的時刻。他突然出現在眼前，身材比電視上來得高大，走路也有一種穩重感，體態則完全不像年已四十的球員，應該是非常認真保養身體，並且現場媒體也都會跟他保持距離（觀察過很多好手，真的要有一定地位，才有這種媒體的尊敬距離），但記者真的上前交談，他還是會輕鬆回應。

而這天很特別的，在練習完後，他竟然願意在記者室裡召開一個小型記者會（通常引退賽，引退選手在賽前都不會有記者會），讓大家發問，當然我們也不會錯過這個機會，其中最想問的就是，為何都能在極大壓力的國際賽中，打出非常驚人的成績和表現？「我一直都是穿三星獅子的球衣，但穿上國家隊球衣胸口寫的就是韓國，代表國家時，就算再小的失誤、再細微的瑕疵，都是不能忍受的，甚至協助前輩以及讓後輩有更好的環境，只有保持住這種想法，才能讓我在關鍵的時候，更專注在打擊上。」

雖然僅僅一天的觀察時間，卻不難看出這位國民打者為何受到尊敬，包含前面的幾個回答，都是很誠懇的回覆，隱約透露出對整體棒球環境的期待。而他球員生涯中有不少經典語錄，就是他曾說過：「我希望以長打者的身分引退。」

引退賽開打前，還有一個開球儀式，賽前是由太太和小孩開球，他則擔任捕手，這也是本季最後一場例行賽，確定無緣季後賽的三星獅，每一次上場打擊，都很有可能是李承燁的最後一次，結果他在第一個打席，就用最熟悉的方式和大家準備告別，右外野方向的深遠全壘打，接下來的打擊則和大家約定好的承諾一樣，又是讓全場沸騰落淚的紅不讓，引退賽單場雙響砲，果真用長打者的身分和大家說掰掰。

會有這個長打者想法，也是因為這位深入人心的韓國全壘打王，「不想讓大家看到有一點衰退的現象，希望留在球迷心中就是長打者的印象」，不管在哪國職棒，都很少看到引退賽竟然能擊出雙響砲，加上這兩轟，最後單季以二十四支全壘打作收，儘管已經四十歲，卻幾乎每年都維持二十轟以上的成績，除了國際賽的關鍵全壘打之外，在韓國職棒創下的單季五十六轟也寫下了亞洲職棒新的一頁，期間到日本職棒發展也有過四十一轟，扛起讀賣巨人軍的當家第四棒。

我知道隊友和我一樣想贏球，遇到投得不錯卻輸球的情形，我不會太失落，反倒是打者們比我心情更糟，因為他們沒能攻下分數，我們都是上場奮戰的，他們比我還想得到更多分數。
～被外界評為悲情巨投的狄格隆（Jacob deGrom）

對於棒球迷來說，他留下的不只是豐功偉業的全壘打紀錄，還有球場之外待人接物的態度，詢問了當地的媒體和球迷，他之所以能獲得「國民打者」這個尊榮稱號，不只是因為奧運那幾支全壘打，主要還有棒球生涯幾乎零緋聞的潔身自愛，整個選手時期都是正面的新聞。對照他說過的「代表國家時，就算再小的失誤、再細微的瑕疵，都是不能忍受的。」李承燁不僅僅是球員，更是身體力行所言的實行者。

（羅國禎）

我的職責就是上場打球，然後用盡全力。

戴維斯（Chris Davis）

戴維斯

左打砲手，綽號「Crush」，自遊騎兵發跡、於金鶯發光發熱，長程火力為其招牌特色，二〇一三年入選明星賽，榮膺全壘打王，該季美聯最有價值球員票選名列第三。二〇一六年與金鶯達成七年破億美金合約協議，締造隊史最高薪紀錄。

灰姑娘大變身的故事並不少見，其中又以克里斯．戴維斯（Chris Davis）的遭遇尤為戲劇性，原因無他：巔峰與低谷都極端無比，論鼎盛，鮮有人能企及，談糗態，也罕有人能突破戴維斯「最低打擊率」和「一安難求」窘境。

戴維斯高中時便展現令人咋舌的打擊力道，連三年選秀會中選，二○○六年加入家鄉球隊遊騎兵，二○○七年在小聯盟狂轟三十六發全壘打，獲得球團農場年度最佳新秀獎。二○○八年季前，戴維斯被評為遊騎兵潛力之星第二名，僅次安德魯斯（Elvis Andrus），同年入選未來之星明星賽，緊接著升上大聯盟。

生涯首打席就代打敲安、生涯頭兩場先發出賽都開轟更是隊史第一人，逐步站穩一席之地，不過他三振率偏高的罩門被點出，一度接受教練「改造」修正打擊姿勢，反倒讓他感到彆扭，多虧坎諾（Robinson Cano）在多明尼加冬季聯盟的開導：「你是強力型打者，才不是哪門子巧打型球員。」這句話在戴維斯心裡埋下種子，重新認識自己，選擇正確的軌道，逐步釋放積蓄已久的能量，才有日後的爆發。

二○一一年戴維斯和杭特（Tommy Hunter）一同被當作交易籌碼，遊騎兵換得上原浩治，戴維斯則來到金鶯，當時的他難掩興奮之情：「我很高興能獲得這個機會！我想天天上場打球。」畢竟遊騎兵一、三壘防區人才濟濟，戴維斯著實欠缺充分的上場空間。

轉隊的第二場出賽就開轟，隔年效力金鶯的第一個完整球季，敲出三十三發全壘打，助新東家勇奪外卡資格，自一九九七年以來首度闖進季後賽，儘管美聯分區系列戰鎩羽而歸，但戴維斯二〇一三年再攀高峰，追平美國聯盟明星賽前最多全壘打紀錄，更成為史上第三位達成「單季五十發全壘打、四十支二壘安打」的球員，前兩名是貝比魯斯（Babe Ruth）和貝勒（Albert Belle）。對於戴維斯驚奇演出，當時隊友瓊斯（Adam Jones）直言：「他的怪力扛了一堆平射砲和大號全壘打。」

球季中，推特有一則留言詢問當紅炸子雞戴維斯：「是不是有使用禁藥？」戴維斯斬釘截鐵打包票回答：「沒有。」後來受訪更強調自身清白：「我們有嚴格的藥檢，如果有任何人想要作弊，將會踢到鐵板。」諷刺的是，義正詞嚴說出這番話的戴維斯，竟在二〇一四年季末爆發藥檢未通過（安非他命呈陽性）的風暴，引來軒然大波，最後雖澄清是未事先申請服用治療注意力不足過動症（ADHD）的藥物豁免權，情節相對「輕微」，但仍遭輿論撻伐，季後賽因禁賽

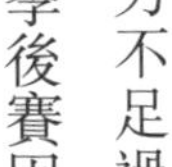

你無法掌握天賦，但你能掌握自己運用本身天分的努力程度。
～道奇賽揚巨投柯蕭（Clayton Kershaw）

作壁上觀的戴維斯也懊惱失望、坦承自己的瑕疵對球隊影響甚鉅。

沒有人是完美的，人非聖賢，孰能無過？「過」不只是「過錯」，亦是「缺點」，二〇〇八年被診斷出ADHD，注定讓戴維斯的生活產生一定程度的質變，需要面對一般人不需面對的困境，後來也間接影響到他的職場（棒球）發展，不幸中的大幸是，逝者已矣，來者可追，一切還來得及挽救。

「我的職責就是上場打球，然後用盡全力。」

嘗試彌補犯下的失誤同時，戴維斯那股期盼著上場揮棒的企圖心再度展露無疑，對棒球的熱情從未消退，但因為失去過，格外懂得珍惜。二〇一五年強勢回歸，再風光抱回一座全壘打王。

潮起潮落，棒球如人生般瞬息萬變，英雄不怕出身低，可英雄也會淪為狗熊，逐漸衰退、威嚇性減弱的戴維斯於二〇一八年僅一成六八打擊率，打破原本一九九一年迪爾（Rob Deer）與二〇一三年阿格拉（Dan Uggla）的紀錄，誠然他一直都非以此項數據見長，但締造「史上新低」亦屬難堪。

命運給戴維斯開的玩笑還不僅止於此，二〇一九年慘不忍睹的「連續六十二打席無安打」把他推向低谷，成為媒體炒作、看熱鬧的笑柄，包括主場球迷無情噓聲、他的氣餒嘆息，那段日子戴維斯不乏扎實擊球，但都遭到守備員「沒收」，貌似長不見底的晦暗隧道毫無曙光。帳面數據一再探底，但教練團和戴維斯都沒放棄，對紅襪時滿壘敲出安打，球迷們見證了他站在壘包上的如釋重負、休息區隊友們的歡欣鼓舞、屬於「失敗率遠高於成功率」的棒球純粹感動。

「我不會深陷在自怨自艾中，沒有人會同情我，人們會看到我將有所反彈，我也做好扭轉局面的心理準備。」二〇二〇年原本調整有成、春訓火燙的戴維斯又因疫情嚴重打亂手感，正式球季一塌糊塗，延宕「生涯三百轟」達成日，但相信他終會再起，一如既往。

榮辱與共，百轉千折，單季五十三轟的戴維斯和連續五十四打數槓龜的戴維斯，都是同一個戴維斯，一體兩面，而他也一貫正視自己、保持積極樂觀亦不輕言放棄，這是值得我們學習的。

（陳志強）

專注是一項「什麼都不去想」的能力。
～綽號「拚命查理」的安打王羅斯（Pete Rose）

當走進這條線裡，你就只能拚盡全力

彭政閔

彭政閔

台灣棒壇代表性的高人氣明星選手，國際賽時的台灣隊長，寫下許多紀錄的中職先生。

中華職棒生涯連續十五屆人氣王、連續十九年入選明星賽，並拿下五次打擊王、一次年度MVP。於二〇一九年退役後轉任球隊副領隊與農場主管。

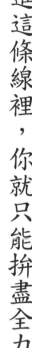

「職棒發生了那麼多事情，如果我是球迷，我想我不會再支持，也不會再進場看球；但是，假如有一天，我們做到了能夠讓你們重新信任、重新得到你們支持，希望各位球迷能給我們掌聲和鼓勵，我們會更努力，讓你們更信任我們，我們會重新站起來，希望你們能一起跟我們並肩作戰。」

這段話是來自於二〇一〇年職棒二十一年開季前，緯來體育台請彭政閔錄的一段話，主要是使用於當年開打的宣傳影片。往年的宣傳影片都是一些各隊信心喊話：「這季一定要冠軍」、「請球迷進場支持」，或是球員間互相嗆聲，但這次明顯不同，當時還是記者身分的我，剛好也在現場，拍攝過程很特別，所以記憶非常深刻，因為準備要開錄的時候，咱們的主角恰恰，突然消失了。

恰恰的消失不是回到火星而是傷透了心。就在前一年獅象總冠軍戰，兩隊激戰到了第七場，包括史上最刺激的延長賽十七局，最後統一獅拿下冠軍，但接下來卻不是一連串的冠軍報導，而是假球約談，攻佔了各大報版面，而這次兄弟象有許多球員涉案。

在這一股黑氣壓下，職棒仍繼續營運，職棒二十一年還是如期開打，負責轉播的緯來體育台，慣例也還是要有開季宣傳片，人氣王恰恰當然是第一首選，還

「嘗試了卻沒贏」和「不去嘗試」，我選擇前者。
～生涯355勝、綽號「瘋狗」的麥達克斯（Greg Maddux）

記得那天是在一個烏雲密佈的春訓下午練球結束後，以往龍潭球場總是充滿鬥志的吶喊聲，今年顯得異常安靜，黃衫軍陣容已經換了一整批球員，談到拍攝訪題「對新球季的展望」當然也有點小尷尬，在假球籠罩的情況下，這些還留著的球員其實只想知道還有沒有明天而已。

不知道要用什麼心態來錄展望的恰恰，一開始禮貌性的婉拒了，離開了拍攝團隊，退到球場邊緣，最後記得好像還回到了小木屋裡面（這可能要有點年紀才知道，當時的龍潭宿舍是小木屋），難道是這位棒球巨星要大牌，不錄了、不錄了嗎？，當然不是，而是當時的時空背景就可以完全理解恰恰無法回答的心情。

多數朝夕相處的隊友在這三個月陸陸續續，從否認假球到承認放水，對於環境的傷害巨大，球迷不再相信職棒，所以當時恰恰也知道很難再跟球迷開口談新球季的期待，這種無奈，當時的職棒相關從業人員也都心裡非常清楚，正當攝影團隊想要放棄的時候，恰恰走了回來：「好吧，可以來錄。」

不需要原本參考的講稿，他把自己心中想對球迷講的話說了出來，也才有最後那一段的對話影片，在那個黑暗時期，這一點光芒，反而獲得了球迷正面的反應和回饋，沒有照本宣科，只是非常誠懇，出於恰恰專屬的客製化，一字一句都是對棒球的真情告白，也真的把球迷拉回了球場，而那一個陰沉的下午讓我更認識了這位超級球星，也看到台灣棒球的一道曙光。

之後有一次我在幫忙球團工作時，收到了球迷的一則訊息，大致內容是：「丈夫得了重病，剩的日子可能不多，而他最喜歡的偶像就是彭政閔，希望他生日的時候，彭政閔能錄製幾句鼓勵的話送給他。」其實類似訊息，球團算是收得滿頻繁的。所以第一步就是要確認真假，第二才是來詢問球員意願，畢竟還是不希望球季中三不五時打擾到球員，但又希望能夠幫助這些球迷，在確認沒有問題之後，就去找了恰恰，希望他能找一件主題日的球衣並簽名，然後心裡想進行順利的話，再幫忙錄製一段影片。

彭政閔馬上從包包裡拿了一件球衣簽名，就在簽名同時，因為時間很倉促，而那天剛好又有比賽，我就趁機追問，恰哥可不可以再幫我錄一段影片，就隨便幾句，身體健康鼓勵一下之類（其實對球團人員來說，球員願意錄是我們的第一個目標，因為真的有球員是會嫌麻煩的，所以才用了隨便這個字眼，我以為這樣聽起來比較簡單，不會耽誤時間），因為球迷太太說可能剩下的時間不多了。結果正在準備球具的他，突然停了幾秒鐘，有點嚴肅的回說：「怎麼可以隨便

不求有表現多完美，只求穩定守好每一球。
～林祖傑參與台灣大賽的心情

錄。」我才馬上解釋，講隨便是覺得聽起來比較不會耽誤時間，但他好像沒什麼反應，繼續整理等下要上場的球具和衣物，我心裡當然想說完蛋了，正當我擔心他可能生氣的時候，恰恰開口了：「好了，我想到怎麼講了，來，開始錄吧。」（怎麼感覺跟上次有七、八分像）

精確的內容其實我不記得了，但大約的意思是：「好好過接下來的日子，還有好好珍惜家人。」雖然跟我給他建議的不太一樣，但我心裡是非常感動開心的，他非常認真思考，該怎麼講才能給這些球迷最大的鼓勵，而不是幾句敷衍或是官樣回答，是一種作為朋友的真心話，也再度感受到為何他一直能成為球迷的最愛。

在球迷的肯定下，彭政閔一連拿下連續十五年的人氣王，生涯打出許多輝煌的成績，都是中職史上之最，根本就是台灣的職棒史，奮戰十九年的職棒生涯擊出一九二支全壘打，得分一〇九〇，所有野手的獎項都拿過一輪，退休的時候也被冠上「中職先生」的美名。最厲害的地方還是他對於台灣棒球的影響力，許多經典語錄也讓球迷耳熟能詳：「大象步伐雖慢，但終究會走到終點。」（編註：此語原為兄弟前領隊洪瑞河所言）「比賽開打，球迷還沒來，可能球迷還在塞車。」「我打職棒十八年了，再好的隊我都待過，再爛的隊我也都待過，我相信只要努力，球迷會看到的。」「緊張代表在乎、也代表活著。」

但最讓我印象深刻的，是有次我們在球場上閒聊的一段話，當時還是業餘球員的我，放假時去龍潭和兄弟象一起特訓練球，也因為之前在當記者時就有些認識，所以他是我在球場上，最常去請教和追尋的對象，有一次練到中午，我們倆要去球場的餐廳吃飯，餐廳在龍潭球場一壘休息室後面，但我們正走在三壘的界外區，我本想來個切西瓜，抄個大捷徑，直接從三壘直線穿越球場內野到一壘過去，就在要跨越界線時，被他攔了下來，他說：「不可以走這啦，已經很累了，走進去還要用跑的，我們走外圍才可以輕鬆慢走，（他比著本壘板延伸出來的那兩條線）因為只要走進這條線內，就一定要用全力。」

生涯創下許多輝煌戰績和個人成就，在職棒黑暗期的陰影下，也是大家公認的清流，組頭永遠買不動的選手，天越黑時星星會越亮，其實他心裡並沒有在追求這些光芒和飛向更高遠的夜空吧，他只是做好自己的本份，在這陸地上的兩條線裡用盡全力奔跑而已。

（羅國禎）

職棒每天都很競爭，你不好就換別人上，但不需要去想太多，就是把自己準備好，重新再往上爬。
～中信兄弟教練、昔日鐵捕王峻杰

我無法控制人們怎麼看我，
但我能控制我在球場上的作為。

馬查多（Manny Machado）

馬查多

二〇一〇年選秀探花，順位僅次國民哈波（Bryce Harper）和海盜投手泰倫（Jameson Taillon），二〇一三年首個完整球季就入選明星賽、榮獲三壘金手套，自此成為金鶯看板球星，合約年季中被交易至道奇隊，二〇一八年球季結束後與教士簽下十年三億美元的巨型合約，締造當時紀錄。

在肉搏拚命的球場上，球員無法討好所有人，恰如籃壇傳奇布萊恩（Kobe Bryant）的經典名言：「有多少人恨我，就會有多少人愛我！」視「科比」為榜樣的馬查多（Manny Machado）效力道奇時，便因「致敬」選穿八號球衣，與偶像相同，他的行事作風和流露出來的態度，外界評價褒貶不一，而馬查多更對此說過：「我無法控制人們怎麼看我，但我能控制我在球場上的作為。」

這位體內流淌多明尼加熱情血液的三壘手打擊出色，行雲流水的美技彷若藝術品，結束金鶯時期耀眼風光以及到「好萊塢」道奇「短期打工」的經歷，二〇一八年紅襪奪冠後的休賽季，馬查多和同梯哈波是自由球員市場最炙手可熱的補強目標，擁有實績、年紀優勢，引起許多球隊高度關注，寄望「撈到大魚好交代」，那個冬天，消息與風聲都繞著他倆打轉，芝加哥白襪野心勃勃，做好萬全準備，動之以情——交易來馬查多大舅子阿隆索（Yonder Alonso）、簽下馬查多好友傑伊（Jon Jay）外，還誘之以利——提供八年合約，不過馬查多最終投奔西岸懷抱、選擇了教士隊的十年長約，一舉打破美國運動史上最豪華合約總值紀錄（隨後被費城人端給哈波的十三年合約超越），並且附帶逃脫權，讓他儼然「聖地牙哥救世主」姿態，給予球隊有感升級。

現在遇到不好的時候，都會想起陳大哥（陳金鋒）所說：「人啊，要學會忘記」。
～樂天桃猿牛棚投手朱俊祥

受到大量注意，必定伴隨輿論的指指點點。關於馬查多的打球風格，有個常見的貼切形容詞是「髒」，種種爭議性「小動作」不勝枚舉：滑壘鏟傷紅襪佩卓亞（Dustin Pedroia）、跑一壘時刻意往釀酒人阿基拉（Jesus Aguilar）去「絆」、世界大賽跑一壘時向皮爾斯（Steve Pearce）腳後跟踩等等，這些行為都是「對人不對事（壘包）」，容易使他人置身於受傷的風險之中，屢次激怒敵隊球員與球迷，讓馬查多被冠以「惡棍」（villain）的稱號，對這樣的「標籤」，他一笑置之，馬查多表示：「這不會困擾我。」

如果壞人願意幡然悔悟、痛改前非、誠心檢討甚至知道自己錯在哪，那這種個性的壞人也太不稱職、不夠「壞到底」了，以此標準而言，馬恰多是一百分的反派：「無論做了什麼，我永遠都是個惡棍，不過找已經習慣了，也懂得如何面對及調適。」

馬查多的脾氣是顆大地雷，打架火爆的剪輯影片跟場上攻守精華一樣豐富，某種程度而言他與普伊格（Yasiel Puig）、高梅茲（Carlos Gomez）摩根、（Nyjer Morgan）等人有異曲同工之妙，唐納森（Josh Donaldson）和已故的溫度拉（Yordano Ventura）都曾和他正面衝突，二〇二〇年季後賽更對前東家道奇上演互嗆戲碼，風波可說是一波未平、一波又起，此外偶爾呈現在觀眾眼中散漫消極的跑壘、吹著泡泡糖的輕浮態度亦是飽受批評的環節。

忠於自我的馬查多坦言：「我並不會否認我曾經做過某些愚蠢的事情，但同時我也有不錯的表現。因此我知道那些負面評價是我無法控制的，我唯一能做的只是在場上拿出最好的自己，並且不讓太多負面想法佔據腦袋。」

若撇開桀驁不馴的問題，馬查多的求勝欲十分強烈：「為了贏，我用盡全力、赴湯蹈火。我們得暫時忘記未來，才能專注當下。」加入道奇後一圓爭冠夢想，他描述：「參與世界大賽是最美好的事。」空降教士後和道奇迷在網路上交鋒：「我賭教士會比道奇還早奪冠。」顯示他好勝性格，兩度獲得金手套殊榮的他篤信守備能讓球隊贏球：「所以我花很多時間精進守備。打擊很困難，即便已經很認真了依舊可能覺得掙扎。」

隻字片語讓我們明白馬查多對棒球的哲學及執著，可惜人生總是複雜，無法單純好好打球，「的確我們都需要站在攝影機前回答一些媒體提問，但我的本職是打球，我知道這才是我擅長的。」馬查多就是如此我行我素、自我意識濃厚的極端調調，「溫良恭儉讓」的舉止與他絲毫畫不上等號，「場上的事情留在場內

對我來說，誰都不是我的對手，我才是自己的對手。
～富邦悍將主力捕手林宥穎

解決」是不切實際的癡人說夢，已經發生的事無法改變，過往的馬查多形塑了他現在的模樣。

馬查多闖蕩江湖多年，樹敵無數，多少人恨之如骨，風風雨雨、外在批評不當一回事，卻也正是這樣的反派形象使他更添球星魅力。「率性」與「隨性」、「自信」和「自大」都是一線之隔，分寸必須拿捏，否則不僅無法廣結善緣，還會在失志之時淪為過街老鼠、人人喊打。或許隨著年齡增長，血氣方剛的馬查多總有一天心智能更加成熟健全，進而蛻變為引領教士年輕小老弟前行的良師，不過風格鮮明的他，已建立一個獨特的人設典型。

（陳志強）

我全部的打擊，都是以全壘打為目標。

山川穗高

山川穗高

多次入選日本棒球代表隊，二〇一三年選秀獲得日職西武獅隊第二指名，為日職新生代重砲。二〇一八、二〇一九洋聯全壘打王。二〇一八洋聯年度MVP。

台灣棒球每到了國際賽事，總是會讓全台從南到北、東到西，刮起一場棒球旋風，特別是只要對上韓國或是日本更是熱血沸騰，其中二〇一三年的世界棒球經典大賽，中華和日本對決，更是創下近年台灣電視史上最高收視率百分之十五，也就是這股傳統熱力，所以國內對於日本棒球，總是有很深的了解，和很強烈的研究動機，只要是日本國家隊的第四棒都會給予最高的敬畏，從早期奧運賽事的中島輝士、松中信彥、中村紀洋、到中期WBC的稻葉篤紀和筒香嘉智，都是耳熟能詳的東洋巨砲，而近幾年竄出來一位新生代重砲的第四棒，則是叫山川穗高。

山川來自日本職棒太平洋聯盟的西武獅隊，陣中原本就已經擁有巨砲等級的中村剛也，二〇一三年以第二指名被球團挑中，因為身材體型，甚至連揮棒動作都跟學長中村如出一轍，所以也被冀望成重砲接班人，不過職棒生涯前期不管是出賽機會或全壘打支數，都遠遠不及大學長。但慢慢適應職棒之後，砲管開始爆發，特別是二〇一七年僅用二百九十三個打席，就轟出了二十三發全壘打，也在年底的亞洲職棒冠軍爭霸賽，正式扛起了年輕武士隊的國家第四棒。

在這次國際賽中，山川很快的就把自己的長打能力介紹給全亞洲，第一場對上韓國開轟，這位新生代的第四棒，最後順利幫日本拿下第一屆亞洲職棒爭霸戰的冠軍杯。當時我隨著中華隊在東京巨蛋拍攝，一開始吸引到我的，反而不是他的Power，而是他活潑的個性，在巨蛋這個橢圓型劇場裡，常可以看到他在各國間串門子，而且傳來的也總是歡笑聲，在這場劍拔弩張的國際賽中，有山川的加入氣氛放鬆許多。這和以往第四棒比較威嚴的氣場，有些不同，這樣的氣氛大師當然也幫助球隊氛圍活絡了起來。

不過除了活潑之外，他終究還是超級重砲手，賽前練打，擊中球的扎實聲響，馬上又抓住了我的攝影鏡頭和記憶卡，趁著練習時，記錄了非常多山川打擊的畫面，不管是打球座、拋打還是由投手餵球，所有動作都非常一致，就是全力揮擊，投手預備動作一起來，他的腳抬得非常高，接下來揮棒又是完全的仰角角度，搭配雙腳的重心轉移，帶點往前衝的方式，將小白球一顆顆送到全壘打牆外，而封閉的巨蛋，擊中外野觀眾席椅子發出來的聲音特別響亮，完全可以感受到揮棒的力量和球飛行的速度。

幾乎每天、每次都是一樣的戲碼，抬腳儲力踢腿，重心再從後面帶到前面，然後身體扭轉揮擊，接下來就是球打中椅子的聲音。揮完棒後的動作也與眾不

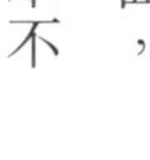

職棒就是這樣，你不為難自己拚下去，最後就會拚不下去！
～選手時期曾達成「完全打擊」的富邦教練鍾承祐

同，身體都會呈現一個誇張的姿勢，面朝天空，後腳則是衝到前腳方向，百分百的運用到全身力氣。所以非常好奇這樣的全力揮擊動作在日本的接受度，畢竟對於日式野球，一般還是有些追求確實擊球的傳統觀念。

因為真的很想知道答案，所以到了冠軍賽後，在記者訪問的MixZone走廊上，很緊張但還是鼓起勇氣的把這位日本第四棒給攔了下來，不過他馬上露出活潑的神情，用日文說：「喔，台灣來的喔。」笑咪咪的眼神（那種親切感，其實我覺得有點像是台灣樂團脫拉庫的主唱），也立刻讓訪談輕鬆了起來，彼此卸下心防，所以就請教了他練習時的打擊動作。

「其實我每一次的練習和打擊，都是要以打全壘打為目標，如果你問為什麼要這樣，我不清楚台灣那邊的想法會是怎樣啦，或會有什麼感覺，但因為我覺得全壘打是一件非常困難的事情，所以練習的時候，就要每次揮棒都是全力，然後把球打高打遠，比賽的時候，才更可能會打出全壘打，因為全壘打需要很大的揮棒力量，所以我就是這樣鍛鍊身體，鍛鍊它去記憶打全壘打的感覺。」

聽到這樣的答案當然是心滿意足，他非常誠懇的回覆，並且也不吝嗇分享一些自己的打擊小技巧。馬上對這位第四棒加分不少。後來問到同樣來自西武獅的台灣選手吳念庭，他也再次認證了山川的個性就是如此，好像都沒什麼煩惱，常用活潑的態度魔法般的帶動球隊氣氛。

同隊的都這樣說了，那一定沒錯啦，隔年開始山川穗高開啟了職棒生涯的另一個高峰，連續兩年全壘打支數都破了四十轟，二〇一八年敲了四十七發全壘打，和一百二十四分打點，更是一舉拿下了最高榮譽的太平洋聯盟年度MVP，隨後連續兩年也都是聯盟全壘打王，這位重砲手不只是成功接班了西武獅的第四棒，散發的爽朗個性也打出了新世代的球風。不只帶領獅子軍，也給日本棒球帶來了嶄新的氣象。

（羅國禎）

人部分的人都帶著別人不理解與看不見的傷疤在活著。
～因疫情改變生活型態導致憂鬱情緒的游擊手西蒙斯（Andrelton Simmons）同理陷入低潮者的壓力

當我投出觸身球時，有九成是故意的。

馬丁尼茲（Pedro Martinez）

馬丁尼茲

出身多明尼加的頂尖強投，擁有「神之右手」美譽，十八年大聯盟生涯先後待過道奇、博覽會、紅襪、大都會和費城人，一九九九年投手三冠王，累計五座防禦率王、三次三振王、三屆賽揚，宰制力極為驚人，是史上第四位「生涯結算超過三千次三振但保送少於千次」的投手。二〇一五年首度獲票選資格就以超過九成的得票率進入名人堂。

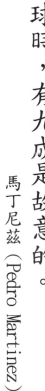

觸身球絕對是棒球場上最不願看到的情景之一，因為那代表打者面臨受傷風險，雖然有些「球吻」是不痛不癢的類型，但若命中脆弱、關鍵部位，數個星期甚至整季報銷都有可能，也因此，「神之右手」馬丁尼茲（Pedro Martinez）退役後的那句自白：「當我投出觸身球時，有九成是故意的。」才會如此讓人難忘。

四十六場完投、十七場完封等數目並不是最能說明馬丁尼茲威力的證據，他身在強棒輩出的「禁藥時代」，能屢次將防禦率壓在二以下、每局被上壘率低於一，才是規格外、彷彿「平行時空」的存在，扮演投手丘的猛獸、使得打者手無縛雞之力，他讓對手懼怕的不僅是深不可測的變化球，還有伴隨脾氣、朝身體而來的觸身球，馬丁尼茲生涯有六個球季砸中打者超過十次，累積共一四一次觸身球，排名球史第二十七多：「我的前隊友洛爾（Derek Lowe）曾認為我的觸身球九成都是不小心的，但事實正好相反。」

從甫練投之際就被灌輸「不要逃避把球往內角塞」觀念的馬丁尼茲，力行此原則：「如果當天對手的手感很『舒服』，那我也會試著破壞節奏、不會讓他們太好過。」若敵方氣焰囂張，需要觸身球「伺候教訓」時，馬丁尼茲亦不囉嗦，

怕輸就不會贏。
～「東方特快車」郭泰源

在場上的他總充滿不服輸的侵略性，雄心壯志要給個下馬威。

「不是宰人，就是被宰。」馬丁尼茲自承有顆「獅子心」，鬥志滿溢，自幼跟隨兄長雷蒙（Ramon Martinez）腳步、參與道奇體系的磨練時，便目標一致、保持積極學習的心態和嚴格自律的步調，鍛鍊體能比誰都還勤快：「還是少年時，我就確信自己不但會成為大聯盟球員，還會成為優秀的球員。」

「我知道我比那些打者還要強大，因為我比他們練得更多。」

成長於多明尼加的馬丁尼茲，為了大聯盟夢想，努力把英文學好，在被道奇交易到位於加拿大蒙特婁的博覽會隊後，也花了段時間克服對陌生環境的不適應、不安全感，讓法語愈加上手，進一步在球場發光發熱。求學階段曾因身材較瘦弱而遭遇同儕霸凌，小聯盟時期一度受到隊友嫉妒與欺負、演變為扭打爭執，生涯初始則因大聯盟、小聯盟之間的浮沉感到失望憤懣，但這些種種並未使他卻步，而是更加堅定決心，珍惜機會，終蛻變為賽揚等級的巨投。

「我很高興自己身處這個年代（指禁藥年代），我總是在最強大的戰鬥中檢視自己的能力。」

除了銷魂變速球，火爆個性是馬丁尼茲另一個鮮明的形象，因觸身球衍生的衝突不計其數，儼然聯盟「問題人物」，尤以一九九六年擺短棒時被費城人威廉斯（Mike Williams）連續近身球而持頭盔衝上投手丘短兵相接，以及二〇〇三年「基襪大戰」對洋基教練席默（Don Zimmer）抓頭重摔，此兩件最規模浩大，後者讓馬丁尼茲十分懊悔：「我衷心希望我那時沒有抓住他的頭、害他踉蹌倒下，推倒一位長輩是我棒球生涯的遺憾。」

場上的殺氣騰騰與馬丁尼茲私下作風有所反差，另一位名人堂投手葛拉文（Tom Glavine）談道：「他投球的時候總是死盯著對手看，根本像是要衝上去揍人一樣，但這是他表露競爭意識的象徵。在比賽結束後，你又會發現他的謙虛，而且也很尊重對手。」

命運盤根錯節，曾與馬丁尼茲結樑子的其中兩隊費城人、洋基恰在他生涯終站有所交會，二〇〇九年馬丁尼茲身穿費城人球衣和洋基在世界大賽碰頭，輝煌旅程盡頭，竟是洋基奪冠戲碼的配角、背景人物。

既是浪子，必然回頭，昔日因觸身球頻頻而「人人喊打」的馬丁尼茲退役後獲邀擔任球評，精準分析球員們的心境及技術，幫助後輩如桑塔納（Ervin Santana）、沃克曼（Brandon Workman）等人調整狀態、走出低潮困境。「我

其實挨觸身球也是一種藝術。
～中華職棒史上第一位「百觸」締造者陳瑞昌

不想將任何人的成就歸功於自己的教導，但假使我能幫助並影響其他投手，我就會一直做下去。」

話說到底，沒人知道馬丁尼茲的：「當我投出觸身球時，有九成是故意的。」究竟有幾分真實性，畢竟真真假假只有當事人最清楚，且愛說玩笑話的他不按牌理出牌，不過我們可以肯定的是，一路走來，馬丁尼茲用實際表現和不斷精進的武器、技術，征服所有曾經質疑他的眼光和批評聲浪。

「我認為自己有種使命感。」發表入選名人堂感言的他這麼說。

球場如同戰場，「唯我獨尊」是成功的其中　條途徑，馬丁尼茲「不是宰人，就是被宰。」的極端處世哲學並非適用於所有人，但企圖心值得尊敬，期許我們能帶著這樣的霸氣，寫下自己的篇章。

（陳志強）

求勝，抬頭挺胸

你必須替輸球找理由，沒有就捏造一個，因為信心必須維持住。

~生涯投過兩次無安打比賽的馬修森（Christy Mathewson）

總會有圓滿的解決方案，只要你退一步思考，並給自己時間尋找。

羅伯森（David Robertson）

羅伯森

費城人隊後援右投，自洋基出道，二〇〇六年選秀第十七輪，二〇〇八年登上大聯盟並於二〇一〇年獲選明星賽，該季防禦率僅一．〇八，更以牛棚投手之姿單季百K，隨著傳奇李維拉（Mariano Rivera）退役，羅伯森扛起終結者位置，擅長使用卡特、曲球和滑球與對手周旋。

大聯盟的勞資關係並非一路走來都平靜順遂，曾發生過數次爭議、衝突甚至罷工拒賽，關於球員工會、薪資仲裁、自由球員制度與年限、規則五選秀等面向，都是在滾滾洪流中的緩慢演變，才漸具雛型與發展落實，經過前人的「種樹」，後人得以「乘涼」，就像民主自由一樣，我們所擁有的權益從來都不是從天上掉下來的。

許多立場來回交互擺盪，正如投手羅伯森（David Robertson）所言：「總會有圓滿的解決方案，只要你退一步思考，並給自己時間尋找。」

二〇一八年紅襪奪冠的球季過後，羅伯森結束回鍋洋基的合約所屬關係，並且做了大膽決定：與經紀人勒芬索（Scott Leventhal）解約，嘗試以一己之力與各球團洽詢商討合約，儘管這不算是太鳳毛麟角的創舉，過往也有席林（Curt Schilling）和薛菲爾德（Gary Sheffield）等前例，但羅伯森還是選了條相對罕有的路：「我只是想試試看在棒球界的另一端摸索，我認為此時是個好時機，能瞭解自己在市場中有多少價值以及球隊是怎麼評價我。」

不同世界之間落差甚大，對於球員而言，平時生活就是練球再練球、比賽再比賽，合約複雜又乏味的事宜大可交給專業經紀人負責苦惱，休賽季只管好好出

當打者打出全壘打，他們當然有權利慶祝，我們不該因為這樣就砸人報復。
～道奇「科學家強投」包爾（Trevor Bauer）

遊、放鬆。但羅伯森親自操刀經紀人的角色，放下身段、以不一樣的身分與各球隊間聯繫溝通，對於所繳出的成績單隱惡揚善、與同期的其他後援投手身價與狀況做評估比較、盡量爭取有利的談判籌碼、研究財務報表、安排激勵獎金、考量合約長度和均薪諸如此類，閱讀堆積如山資料、花心思準備，一來一往協商：「我並無特定策略，就是保持誠懇。」

依據報導顯示，羅伯森「自己來」、談成與費城人的兩年合約，大約能省下超過一百萬美元的佣金，但更難以取代的是實際走一遭的無價經驗，以及克服焦頭爛額後的成就感，皆無法用金錢簡單衡量，談到金錢，那就不得不提充滿資本主義大城市氣息的紐約洋基隊。

眾所周知，羅伯森從豪門洋基發跡，受到的注目和關愛程度比別隊球員多，二〇〇七年小聯盟單季防禦率不到一、小聯盟生涯只被敲一支全壘打，隔年躍上大聯盟略有顛簸，但二〇〇九年便站穩一席之地，整季出賽四十五場，有五次中繼和一個救援成功，以二十四歲之齡季後賽五度登板皆未失分（尤其頭兩回登板皆是在延長賽、壘上有跑者的高張力局面），洋基奪下世界大賽冠軍，他也盡了一份力，當時洋基陣中有「救援之神」李維拉（Mariano Rivera），羅伯森把握挖寶機會，從前輩身上學到很多包括卡特球的請益，「師徒」情誼濃厚。

二〇一一年羅伯森迎來生涯最風光一季，三十四次中繼為美聯最多，更是一九九六年李維拉後以來再度出現能「單季百K」的洋基牛棚投手，扮演可靠後防，李維拉於二〇一三年球季結束後高掛球鞋，替洋基「關門」的重責大任落到羅伯森肩上，他承接的火炬如此耀眼，但他展露自信：「不管是在第八局還是第九局登場，都是要有效率地製造三個出局數，所以本質沒什麼差異，我不會想太多。」

從布局投手到終結者，羅伯森安分守己完成一次次任務，牛棚投手雖然投球局數沒有先發投手多，但需要更密集待命、觀察場上情形並面對危機，除了抗壓性是克敵要件，自我調適亦是重點：「後援投手得適時擁有『金魚腦』，我們一定會有搞砸的比賽，但要在比賽結束後就忘得一乾二淨。」

從球員到經紀人，他用另一個角度看待他熟悉不過的棒球是如何運作，藉此訓練把所思所想妥善表達、言之有物，以往站在投手丘面對打者，切換身分則是應對各家老闆，羅伯森認為他不完全只是因為「好玩」才選擇當經紀人，也不是因為不滿意原本夥伴才分道揚鑣，而是基於對自己的認識，跳脫舒適圈，探詢新

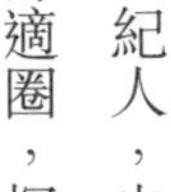

「輸球」是永遠無法習慣的事。
～生涯大都會、有「美國隊長」封號的三壘手萊特（David Wright）

的可能途徑，若有意退休後成立經紀公司，這趟經歷更會是他人生中非常棒的學習、修行與淬鍊，懂得掂掂己身斤兩、勇於為自己發聲，在某些懷疑該不該繼續前進的時候，退一步海闊天空，給予充分的時間與空間，或許便能找到圓滿的解決之道。

視角轉換到中華職棒，老將周思齊和高國慶等人，都有接觸球員工會事務，多次為聯盟賽制、球員福利提出獨特觀點洞見，有這樣的交流經驗，讓他們看得更多、想得更遠，經歷「思考」與「尋找」的過程，汲取的養分讓未來高度不僅僅只是球員、教練而已，還可能發揮更廣泛的影響力。

（陳志強）

默契就是從挫折開始的。

陳傑憲

陳傑憲

出身高雄，高中曾赴日本發展，二〇一四年中華隊U21冠軍成員。

二〇一六年加盟統一，為統一新一代看板球星。二〇一八年、二〇二〇年安打王，二〇二〇年打擊王，兩度入選明星賽。

早年的中華職棒職選秀會，都有一個非常聚焦的畫面，聯盟人員用麥克風播報出指名人選後，同時會以人工掛牌的方法，把球員名字掛牌，貼在選秀公布欄，掛上的同時一定是鎂光燈四起並夾雜歡呼聲，而這具有傳統以及懷念的方式，最後一次出現是在二〇一六年，那年統一獅在狀元籤選中蘇智傑後，準備送出第二指名選手，看得出球團人員帶有微笑的神情，最後送出名單，第二指名的空白佈告牆，掛上了三個字——陳傑憲。

這三個字也掀起了統一獅的新世代，過往南霸大給人的感覺都是原汁原味的樸實，富有個人風格的陳傑憲加入，三拍子的棒球技術能力，以及媒體冠上酷似吳奇隆帥氣外表的綽號「四爺」，很快地成為超人氣球星，另外一項特點則是，陳傑憲在國中畢業後就到了日本，挑戰許多人的高中夢想——甲子園，雖然最終所代表的高中，沒走入甲子園殿堂，隨後參加日本職棒選秀也是落選，不過這些年的日式野球經驗，也幫助他的棒球能力值提升到更高的檔次。

回到國內進入老牌業餘強隊台灣電力，成為了中華隊常客，在國內舉辦的U21世界杯棒球賽，更大放異彩奪下世界冠軍，進入職棒後也是鎂光燈的焦點，加入職棒第二年拿下游擊手最佳十人，第三年就奪安打王。職棒初期非常順遂，個人成績以及薪資獎項，都和顏值一樣，爬升到小獅王的新境界。不過始終遺憾的，就是沒能戴上冠軍戒，直到二〇一七年總算體驗了第一次的季後挑戰賽。

可惜這次是一個不好的經驗，面對當年有些狀況的中信兄弟，統一獅最後卻意外以系列戰一勝三敗的情況下被淘汰出局，賽後台中洲際球場的煙火往上發射，這位職棒季後賽菜鳥則是兩行淚珠向下，旁邊的老大哥們不斷安慰他，第一次難免啦。

紅著眼眶的陳傑憲則說：「辛苦了一整個球季，為什麼最後放煙火的不是我們，眼淚就掉下來了，雖然這次個人成績打得不錯，但是關鍵時刻我還是打不回來，打不好的時候自己情緒也會受到影響，希望明年可以更進步，下個球季放煙火拋彩帶的是我們。」

沒想到，接下來的每年這個願望都沒有實現，而球隊的狀況每況愈下，連半季冠軍的彩帶都沒拋下來過，統一獅也從南霸天，到了二〇二〇變了一個新稱號，「三強一弱」的那個弱，這年也是個特別的球季，因新冠肺炎疫情關係，開季是沒有觀眾的閉門賽，獅子軍上半季的表現也像球場的景象，空洞沒有希望，

我們擠在小小的空間，讓我們更加團結。
～《獅翼》紀錄片中球迷對於「外野那群人」的詮釋

但到了下半季經過整頓和新教練團的適應，卻衝上前段班，隨著觀眾席慢慢開放，漸漸冒出冠軍聲量，拚到例行賽的倒數兩場，統一獅要全贏才可以封王。其中只要輸一場，就是看對方拋彩帶。

第一關是富邦悍將，派出當時公認的最強洋投索沙。而且擁有新莊主場的不敗之身，只是這個夜晚，那個愛掉眼淚的新人，兩行淚沒有再出現，而是在天空畫下美麗弧線，一支打在牆上的二壘安打，一舉轟下關鍵兩分，最後就以二比零拿下這場。

進入到冠軍戰對手又是宿敵中信兄弟，兵強馬壯的中信很快取得三比一聽牌的系列戰絕對優勢。第四戰輸球後，球隊面臨再輸就要掰掰的絕境夜晚，全隊走上投手丘和球迷敬完禮，陳傑憲沒有太多難過、悲傷或生悶氣，反而用了帶點微笑的輕鬆表情，在集合時跟全隊開玩笑說：「大家笑一點啦，壓力不要這麼大，還有記得明天我們打安打的時候，大家要比飛的動作，把球打飛，衝吧。」對比先前輸球打不好就落落寡歡的他，短短幾年的蛻變，已經成為球隊的小領袖，褪去自己的個人情緒，把心思用在可以帶領球隊轉變的任何方法。

而這個飛翔動作也真的成為球隊翻轉的推進力，隔天不管安打或是得分，每個獅子軍都會雙臂舉高，休息室裡的人也會馬上回應，跟著一起雙臂翱翔台南主場，在退無可退的第五戰，以五比零完封對手，把總冠軍戰線拉回洲際球場，賽後陳傑憲也很感動的表示：「大家一起做這個動作其實很壯觀耶，默契就是從遇到挫折的時候開始，我們連輸了三場比賽，隊友們也是一直在想辦法這麼贏球。」他這段的賽後小心得，我覺得非常符合職棒球員的心理，因為職業運動一直都是business by business，大部分都還是追求個人比較多，但當大家一起掉落谷底的時候，那漆黑的深淵裡透露出的一點點光芒，反而是最明顯的，大家就可以有一個明亮和明確的方向一起前去。而這個默契不僅僅止於球場裡，連觀眾席上的球迷也跟著比出球員的飛翔動作。

最後關鍵第七戰，不常打全壘打的陳傑憲這次一棒飛過右外野大牆，第七局敲出兩分打點致勝全壘打，隨後拋下了橘色彩帶，統一獅完成了一比三的大逆轉，連贏三場成為中職三十一年的總冠軍。賽後訪問時陳傑憲說：「過去常因為打不好而影響自己情緒，但今年在總教練的教導下，學習到新的東西，個人打不好時，更要去鼓勵別人，去把隊友拉起來，相對一樣的狀況，隊友也會拉自己一把，這才是團隊。」

每一次下的決定，都經過縝密的思考，因為我不想讓自己後悔，想過再做會比較好。
～樂天桃猿游擊手林承飛

這樣的翻轉，不只帶起了球隊飛向冠軍，就連球迷也一起翱翔，中職許多場上的一些激勵動作，往往模仿美國大聯盟或是國外運動，但這次是球員和球迷一起發起，大家互相做一樣的動作，在這疫情影響的一年，創造出史詩級的美好記憶和經典回憶。

失意的時候，你可以選擇一個人生悶氣或丟東西，也可以選擇接受人家打氣或鼓舞別人，也許就會成為，一隻又一隻的翅膀，一雙又一雙的羽翼，帶著大家一起飛翔。

（羅國禎）

雖然輸了，但我們值得抬頭挺胸。

巴德利（Rocco Baldelli）

巴德利

昔日選秀首輪、評價優異的全能外野手，二〇〇三年新人王票選第三名，可惜因罕病（低血鉀症週期性麻痺）影響球員生涯，年僅二十九歲便退休，轉往球團行政職，從不同的角度看待棒球，二〇一八年底受聘擔任雙城總教練，隔年拿下一〇一勝，創下諸多隊史紀錄，榮獲美國聯盟最佳總教練，是此獎史上最年輕得主。

季後賽戰場成王敗寇，儘管二〇一九年雙城隊在例行賽勇奪百勝，並締造團隊全壘打數新猷，可惜十月又再次敗給宿敵洋基隊，遭到橫掃出局，主場空留漫天嘆息。這些年來，對於雙城而言，黑白條紋戰袍的洋基宛若一堵橫亙在前方的高牆，「剋星」、「夢魘」等形容詞都不足以描述雙城球迷的巨大心理陰影，但賽後記者會，年少有為的總教練巴德利（Rocco Baldelli）並不氣餒，絲毫不見四天內連吞三場敗仗的低迷心情，而是肯定子弟兵的表現：「雖然輸了，但我們值得抬頭挺胸。」

在談教頭身分的巴德利之前，該先認識球員時期的他——巴德利自小便文武雙全，高中GPA（grade point average，學業成績平均點數）高達四．二五，高三雖然因傷導致出賽數不多，但仍在三十二個打數敲出五發全壘打、打擊率超過五成。

巴德利在二〇〇〇年選秀會首輪第六順位獲魔鬼魚隊指名，投入職業殿堂。學生棒球與職棒總有鴻溝落差，巴德利坦言小聯盟之初的確遇到挫折，所幸天賦與努力雙軌並行，巴德利逐漸克服難關，在二〇〇二年大放異彩，被權威雜誌評比為年度最佳新秀。二〇〇三年順利攀上大聯盟殿堂，即在攻守兩端有穩健表現，身為主戰中外野手的他製造美聯最多助殺，新人王票選排名第三，前途璀璨。強肩、快腿和水準以上的打擊，這年巴德利才二十一歲，與克勞佛（Carl Crawford）同為魔鬼魚球迷期待的「未來」，時任總教練的皮尼拉（Lou Piniella）表示：「外野有他們兩位天分滿溢的球員，讓人賞心悅目。」

然而好景不常，好漢最怕病來磨，二〇〇五年巴德利因十字韌帶受傷，動了手術後又在復健過程中傷了手肘，於是接受湯米約翰手術（Tommy John Surgery），此後重回場上也是斷續起伏，耐戰度下滑，先是大腿傷勢、後來更在二〇〇八年經診斷罹患罕見疾病——低血鉀症週期性麻痺（Hypokalemic periodic paralysis），症狀讓他的肌肉容易疲憊乏力，無疑雪上加霜，進入傷兵名單的巴德利與主治醫師嘗試過許多種治療方式，最後靠著複合式藥物治療搭配營養調節，能緩解疾病導致的不適。巴德利同年八月復出，球隊改名為「光芒」的他們帶給大聯盟一次次驚奇，巴德利更在美聯冠軍戰、世界大賽敲出全壘打。季後榮獲代表撐過疾病、傷痛逆境的康寧亞諾獎（Tony Conigliaro Award），勇氣與決心足堪表率。

可惜病魔不會因為宿主得了個勵志勳章便善罷甘休，巴德利的體力條件不堪

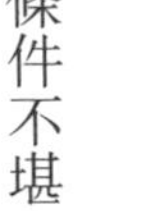

球員不要等待機會，要創造機會，要練得比別人強，才不會被取代。
～洪一中 2021 年熱身賽受訪時鼓勵球員

連續出賽，由於他童年時期曾染上萊姆病（Lyme cisease）而讓病情更加複雜、難以掌握，轉效紅襪一年後回鍋光芒，二〇一〇年寥寥十場出賽，深思熟慮後，巴德利在隔年五月下旬正式退休，二十九歲的他在記者會上坦言：「每次遇到挑戰時，我都盡全力嘗試東山再起，對此我感到滿意。曾經發生過的事情，我從未感到任何遺憾。回顧過往的一切，我能夠帶著微笑。」

美聯冠軍戰的關鍵三分砲、無數外野奮不顧身的美技，就此成為回憶中的閃亮片段，然而他並未耽溺過去，轉任光芒行政職後放下過去光環，潛心學習。球探工作、培養農場潛力球員、數據分析部門、一壘跑壘教練、守備協調員，種種經驗都讓他有所成長，思維有突破性進展，近年來各隊愈來愈大膽啟用年輕教練擔大樑，即是因為他們的眼界較大、對新資訊的接受度高。

「巴德利是我們在尋覓的人才，精通數據分析、知人善任、思緒清晰，有良好的洞察力、能解決問題。」雙城棒球事務營運總裁法維（Derek Falvey）盛讚。「我們確信他會是幫助我們建立一支具有爭冠能力的重要拼圖。」三十七歲就掌帥印，身為大聯盟史上第一位一九八〇代出生的教練，年紀比陣中的克魯茲（Nelson Cruz）還小，這項「優勢」讓他更容易與球員建立良好、無隔閡的合作關係，言談中自信但不自大，如同變魔術般造就雙城二〇一九年的夢幻球季、成為美聯最佳總教練，也是最年輕的得獎者：「這絕非我一人之力能做到，我們有很棒且不可思議的團隊！」

不諱言棒球是「結果論」的運動，不到最後不知道結果，難脫「成敗論英雄」的窠臼，然而又有誰能斷言「這就是結果」？英雄比的是「氣長」，球員生涯發展未能盡如人意的巴德利，轉換角色重新出發、寫下不凡篇章。人生在世必然伴隨遺憾與惋嘆，正如屢屢與疾病奮戰的他，箇中道理了然於心；也像面對洋基「魔障」而堅挺不屈：「雖然輸了，但我們值得抬頭挺胸。」的他，雖然在季後賽敗陣，但卻贏得了一個多月後的「最佳教練獎」，險勝的對手正是洋基教練布恩（Aaron Boone）。

「敗不餒」和「勝不驕」同樣可貴，而所謂勝敗，從不只是一時，勇者無懼，下個路口，屬於巴德利的「第二人生」正要展開。

（陳志強）

你必須嘗試忘掉心中想放棄的念頭，然後繼續堅持下去。
～中信兄弟投手教練佛斯特分享擺脫低潮的態度

保持微笑。

普門中學棒球隊

普門中學棒球隊

於二〇一三年成軍，迅速在高中棒壇闖進四強，培育出多位職棒好手。

高中棒球聯賽（木棒組）二〇一八年亞軍；二〇一六年、二〇一七年、二〇二〇年季軍。

每年一、二月都是汗水和淚水交織的棒球季節，為畫下那漫畫裡的夢想藍圖，扣人心弦最精彩的最終回——稱霸全國。

或許每位畫匠用墨揮灑不同，但冠軍劇本都是一樣的：最後第二十七個出局數歸零，完成美夢的高中學校代表隊衝向場中央喜極而泣；輸球的，則是流下難過的淚水走回休息室，用悔憾的眼淚，準備告別青春、制服和高中棒球。

過往數張苦澀圖像中，旅日好手陳冠宇，在冠軍大勢已去時，比賽中段邊哭邊打出安打的畫面，還記憶猶新，這也是許多台灣棒球名將的必經之路。但在二〇一八年的這個春天有點不一樣。

闖進隊史首次冠軍戰的普門中學，一開賽，投手就被對方給打爆了，丟了許多分，不過走下來的投手，臉上沒有掛著兩行淚，也沒有沮喪，而是露出兩排雪白的牙齒，抬頭挺胸微笑著走回休息室，隊友也是笑臉迎接。這樣的冠軍戰對比前面好像有點唐突，但對我來說早已見怪不怪了。

故事要回到這年的預賽，擔任球評的我，一路都有播到這支來自高雄的球隊，偶然發現他們不管領先或落後總是奇妙的帶著微笑，這吸引了我的好奇心，進入不能有任何閃失的單循環淘汰八強賽，應該會更緊繃，但他們還是微笑過

當你開始擔心「我下一步該幹嘛？」時，下一步就會被吞沒，因為這根本沒啥好放在心上的。
～知名鬼才教頭梅登（Joe Maddon）

關，從預賽起全勝晉級。我忍不住跑去訪問他們，是如何準備比賽的？該場先發投手許瀚元說：「早上出門時師父有跟我們說，緊張的時候要深呼吸，然後告訴自己的選擇是什麼？我當時就告訴我自己，我今天選擇要贏。」旁邊的隊友則是一直窸窸窣窣，開玩笑說：「微笑、微笑、要笑喔！」接著詢問後才知道，因為學校之前有流傳一個影片，大致內容就是笑會感染，微笑才能減少煩惱。

先前其實對於佛教學校普門中學，都會有比較嚴肅的刻板印象，接觸後卻是完全相反，其實非常開放，小球員也超級活潑，完全能感受這股微笑帶出來的魔法。看到他們在比賽進攻時，休息室自己高歌熱唱，遇到戰況吃緊，場子也不會冷下來，緊張時刻，學長們總會跳出來安撫，有時帶點刻意搞笑，有時用毛巾幫學弟擦汗，讓他們放鬆心情。真的做到用微笑感染氣氛，而這股團隊氛圍，幫助普門闖進了隊史第一次冠軍戰。

但對手還是當今的青棒超級強權穀保家商，經歷過許多大賽經驗的高中霸主，冠軍戰很快的拉開比分，普門一路苦追，就算落後、失誤、失分，他們還是沒有任何洩氣的表情，直到最後一顆球被穀保家商中外野手接殺後的瞬間，首次的冠軍賽正式宣告落敗時，大家才讓淚珠奪眶而出，儘管有微笑的防護罩，但堅強武裝的內心底他們還是一群小高中生。

看著對手慶祝奪冠，他們用衣角擦乾眼淚稍微緩和情緒後，我去訪問今天也有登板的投手許瀚元，問了一些輸球的關鍵問題，最後還是引用前的回答來問他：「師父說的選擇很重要，那你要怎麼面對這次亞軍的結果。」看他想了幾秒後終於又露出那兩排牙齒，許瀚元說：「選擇用微笑來面對這次的結果啊。」我陸續問其他的隊友，答案也不約而同的圍繞著微笑：「保持微笑、繼續微笑、微笑好啊、微笑會感染的。」最後總教練邱俊文說：「小朋友哭是因為這些學弟很想幫學長拚冠軍當畢業禮物，微笑的力量真的很強大，我們從後半段一直在做同樣事情，微笑的過程其實是在放鬆，也會讓對手覺得奇怪，為什麼我們一直笑，無形之中有一股很奇妙的力量，幫助我們。」

其實這奇妙的力量，不如說是我們人類與生俱來的超能力吧，其實每個人都知道這股魔力，只是這群小朋友運用了它寫下隊史最佳的成績。雖然沒有拿下冠軍，但這趟旅程也讓普門球員收穫不少，陣中的幾名球員都有不錯的畢業發展，游擊手鄭宗哲成為普門中學第一位旅外選手，加盟了美國匹茲堡海盜隊，馬傑森以第一指名進入了樂天桃猿隊，和學長邱丹在同一支職棒隊並肩作戰，馬鋼進到

有一個好的氛圍，就會有好的成績。
～富邦洋投索沙認為正面的團隊氣氛十分重要

了中信兄弟，其他選手則在大學有不錯的成績。

這群小朋友做到了就算職棒選手也可能達不到的態度——不管輸贏都能繼續微笑，也是學生運動最美麗的臉孔，他們幫我們複習兒時的基本課程。。面對人生困難，可以選擇悲傷去迎接，也可以選擇微笑去面對，就看你要不要使用罷了。這股超能力，不像索爾雷神之錘，要用極大的力量舉起他，你只需要在兩邊的嘴角，用一點點的力氣，讓它微微上揚。

（羅國禎）

不要怕，不要悔。害怕就是絆腳石。

胡智為

胡智爲

綽號「小嘟嘟」，三級棒球都在台中度過，高中畢業便與明尼蘇達雙城簽約、旅美逐夢，二〇一五年被交易至光芒，隔年入選未來之星明星賽，二〇一七年成為第十二位登上大聯盟的台灣選手。曾客串電影《球來就打》並出現在〈長途夜車〉的ＭＶ中。膽大心細，完美奉行「敢」字訣，面對鏡頭總侃侃而談，毫不怯場。

大聯盟是世界棒球最高殿堂，能站上舞台的人都是萬中選一的奇才，對於眾多力爭上游的小聯盟選手，在彼此球技都有一定基礎水準的條件下，關鍵性決定因素，或許就是心理素質的差異。

天不怕地不怕的胡智為就是最佳代言人，成長於台中的他為了棒球，小學二年級就開始住校生活，國中開始專攻投手丘，一路磨練、進步，多次入選國家隊，高中就讀強權西苑，二〇一一年木棒聯賽季軍戰對榖保投出九局只被打一支安打、送出十二次三振的完封勝，技驚四座，畢業沒多久就被雙城隊相中，成為繼林旺衛、陳泓亦、羅國華之後，隊史第四位台灣球員，簽約金更超越前三位前輩，矚目程度可見一斑。

胡智為受訪被問到：「去美國之前，有擔心過那是另一個世界，自己的實力可能要重新評估嗎？」他展露自信回答：「如果擔心，我就不用去了。既然去了就是要打贏他們。」

雙城隊十分看重胡智為，除了赴美第一年以外，都是以全職先發角色培養，控球功夫受到球探給予「高於大聯盟平均」的評價，速球、變速與掌心球亦不遜色，一度擠進雙城的農場「TOP30」，二〇一五年雙城三A缺人先發，當時仍在高階一A的胡智為被喚上去支援應急，結果繳出六局失一分的表現，令人印象深刻，讓他在季中被當作球隊補強的交易籌碼，輾轉寫下「光芒隊史第一位台灣選手」紀錄。

二〇一六年胡智為從光芒二A起步，整季收穫滿滿，不僅入選未來之星明星賽（投一局送出兩次三振、無失分），還勇奪所屬聯盟防禦率王，季後被放進四十人名單，大聯盟夢想近在咫尺。

不只陳偉殷曾經稱讚胡智為是他「看過最認真的球員。」經紀人陳德倫和在美國很照顧他的廖世祺教練也說：「知道自己在幹嘛，是胡智為最大的特質和優勢。」旅美初期，胡智為連農曆春節假期都選擇留下來鍛鍊、沒有回台灣，擔心若是休息會讓進度落後：「一個人打拚是很辛苦的，而且很孤單。」但他的目標堅定、別無他求：「我沒想過放棄。」廖教練還說：「我帶過的人很多，胡智為是唯一敢說自己要打大聯盟的人。」

「我的座右銘是，不要怕，不要悔。害怕就是絆腳石。」

二〇一七年胡智為攀上大聯盟，以一口流利的英文回答記者的提問，清楚表達心情：「美夢成真！這就是我如此努力的原因。」見微知著，球迷們格外佩服

我相信「微笑」是和隊友、球迷建立起關係與連結的重要元素。
～有「微笑先生」之稱的林多（Francisco Lindor）

他為了融入當地文化，花費大量時間、心力在棒球以及棒球之外的事物。

胡智為如此說：「就是要敢講，敢講是最重要的。也要嘗試與隊友、教練互動，畢竟透過與他人溝通的語氣或用字，能感受他們想要表達的東西。外語能力是旅外球員要站穩的關鍵之一。」後來學弟鄧愷威也踏上旅美道路，胡智為刻意讓翻譯不要總是跟著鄧愷威：「我知道愷威個性比較內向，這樣在美國會比較吃力，要給他機會學習跟隊友相處，這樣以後溝通才不會有隔閡。」

胡智為不怕問、不怕學，善於剖析自我、反思，一切都為了更上一層樓，發現偶爾會因為場上的情緒不穩定影響，他嘗試讀書、讓身心達到緩和冷靜，還接觸了皮拉提斯、劍道和太極等運動，在訓練上有所啟發、開創更多潛力及可能性。「只要是智為認為對他有好處的東西，他都會去學。」陳德倫說。

「棒球科學家」包爾（Trevor Bauer）利用科學分析技術提升自己的競爭力，胡智為同樣深諳此道，他尋覓投球顧問，不斷討論、調整變化球種的握法，並根據自身的手指頭特殊情況（形狀比較彎）去做改變。以數據瞭解自身優勢、解讀問題與盲點，勇於嘗試、不囿於原狀，試圖鑽研轉軸、角度動量與變化球軌跡，讓自己增加與打者一搏的本錢。

他認為訓練是：「像蓋房子一樣，不是一樓做完要做三樓，而是一樓蓋完蓋二樓，二樓蓋完蓋三樓，慢慢疊上來。」循序漸進的步驟，走得踏實穩重，從談吐中在在證明胡智為是「用腦打球」，有在擬定策略與活用：「什麼時候應該丟，丟的先後順序，要怎樣配球才有最大效果？」「我要根據當天狀況去思考哪幾種球種是對決武器、哪幾種是給打者看的、哪幾種是讓你打不好的。」「現在的定位是短局數投手，那心態要做好，盡量減少每一局的用球數，這樣就可以負擔連續兩天甚至三天的出賽，當個能活用的棋子。」許多哲理娓娓道來，「害怕」從不在他的字典裡，這點能從胡智為在小聯盟的低保送率看得出來，他向來敢於和打者「正面對決」。

人生如戲，戲如人生，在電影與ＭＶ亮相過的胡智為，場上與場下都顯現大將之風，勇者無懼，「膽大」而「心細」，也正譜寫出獨一無二的精采故事。

（陳志強）

只有自信，才能扭轉逆境，當你可以勇敢相信自己，就算失敗之神再遇到你，也會怕你。
～台灣之光王建民

比賽裡面犯的錯都不是重點，重點是我們要贏球。

高國慶

高國慶

台東人，國中進入棒球名校美和中學，二〇〇一年亞錦賽中華隊球員。二〇〇三年加盟統一，為統一代表球員，三連霸關鍵領袖。

二〇〇七年中職年度MVP、安打王，二〇一三年台灣大賽MVP，生涯擁有六枚中職冠軍戒。八次入選明星賽。

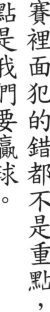

二〇二〇年的中華職棒上演了驚奇的一頁，統一獅在總冠軍戰不被看好的情況下，演出了系列戰一比三的逆轉奪冠，電影般的熱血腳本，有如三幕劇的完整戲劇結構，後勁十足的快樂結局。對比前面的各種絕望，絕無冷場，從第二幕開始就被逼到絕境沒有退路，但就像許多精彩電影一樣，不管主角有多威能，對手有多兇猛，少不了的就是戲中配角，心靈導師的指引，而這部中華職棒的第三十一屆最佳影片男配角當然就是四十一歲老將高國慶，他完美詮釋了戲裡這個角色。

統一在上半球季失利後，就只剩下半球季的機會，拚到季末的最後狀況並不理想，剩下最後兩場的比賽卻掉到了第三名，變成接下來要全贏才能夠搶下冠軍戰門票，在輸不得的壓力情況下，年輕球員為主的獅子軍有點綁手綁腳，忐忑的心情，也影響到身體。

擁有豐富經驗的老大哥高國慶發現到，爭冠期間這些隊友們，因為太過緊張，肢體變得非常僵硬。所以在沒有退路的倒數第二戰賽前，特別集合全隊在三壘草皮區信心喊話：「這場比賽就當作總冠軍第七戰，最後的結果拿到，榮耀就屬於我們，什麼都不要想，在比賽裡面犯錯都不是重點，重點是我們要贏球，這

夢想或許會遲到，但是，總有一天會來到。重要的是在夢想來到之前，先把自己準備好，才不會輕易錯過。
～「不死鳥」郭泓志勉勵青棒後輩

樣的想法就對了，懂我的意思嗎？我們今天就把比賽拿下好不好。」

講完了之後，他還默默移動到集合圍圈圈的中央說：「現在我做什麼，你們就跟著做，把雙手舉起來（全部人一起高舉雙手有點滑稽，大家開始也有點笑場）對，就是用這種笑容去迎接對手。」接下來就在內野觀眾眾目睽睽的情況下，開始手舞足蹈跳起舞，這個舉動讓隊友嚇了一跳，不過看著老學長這麼high，當然也就跟著跳了起來，這突如其來的動作讓球員大笑了出來，似乎這就是大學長想要的目的吧，稍稍放開的心胸，手腳也跟著輕了許多。

短短不到五分鐘時間，扭轉了整個氛圍，比賽開打後，過程裡獅子軍表現還是有些小瑕疵，但應該也有記住前面提醒的，贏球才是重點，中間的狀況很快調整回來，全副武裝好的心態下，最後兩場比賽都順利贏球，勇奪下半球季冠軍，挺進冠軍戰。賽後不少球員說：「國慶那個突然的舞蹈，幫助很大，轉移了緊張的氣氛，緩和了肩上的壓力。」而這個舞蹈也成為每場比賽一起追求的默契，只要勝利，全隊會對著球迷，一起高舉雙手——左右、左右、上上、下下歡慶勝利的滋味。

可是進入到冠軍戰後，統一還是表現不理想，系列戰以一比三落後被聽牌，又再度被逼到絕境。再輸一場球季就結束了。劇本迅速進展到第三幕的絕處深淵，能夠扮演覺醒和喚醒的角色，當然還是陣中的大學長，只是這次高國慶又會端出什麼樣的心靈雞湯，可以讓大家再次補充元氣呢？

「退無可退了，就往前看，在球賽的過程就是拚盡全力，如果結果不好。也不要有後悔兩個字，不要讓對方覺得我們是一個很好應付的對手，只要盡全力，就不會後悔。」

故事的結尾大家應該都很熟悉了，統一獅拿下了這一場在台南的第五戰後，之後又在艱辛的客場洲際棒球場連拿兩勝，用滿天的橘色彩帶完美落幕。這七場球賽裡，高國慶沒有拿下任何獎項，也沒有任一場單場ＭＶＰ，卻是賽後訪問大家最多提到的球員，包含了林安可以及林岱安……等等學弟們，都感激的說：「真的是家有一老，如有一寶，有這些老將在，心情安定許多。」

在這獅子軍第十冠的過程中，高國慶的表現我覺得可以成為領導教科書，首先是心理方面，在這種一戰定生死的戰役，球員最怕就是比賽中因為失誤就整個沮喪而放棄掉了，但賽前學長就先打好預防針了，「盡全力就不會後悔」「犯錯不是重點，重點是最後的贏球」，所以讓這些小老弟能快速放下，趕快面對比

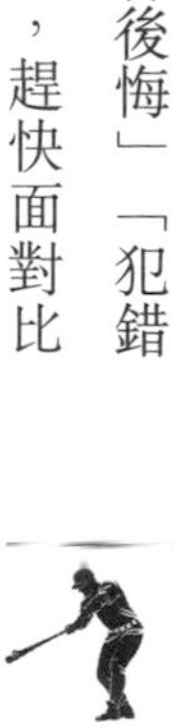

我不喜歡雖敗猶榮這句話，我覺得比賽就是要贏，所以多少會感到遺憾。
～郭嚴文（2013 年經典賽敗給韓國隊後說）

賽，身體上則是很靈敏的觀察到，隊友的動作僵硬，用跳舞讓身體放鬆。輪到他上了場後，也會成為內野指揮官，安定軍心，進攻搶分時還賣命的連衝三個壘，幫助球隊跑回關鍵分。這些全是短期賽事的超級催化彈，老將都拚了，年輕人哪有不跟上的理由，母雞帶小雞。老獅機帶領大家開往最正確的道路。

這台四十年歷史的綠色坦克，依舊帶領球隊衝鋒陷陣勇往直前，一切要歸功於平時的定期保養，不管是堅硬的外殼還是最新科技的內裝，都還是頂級配備。

內裝就好像是國慶坦克的言行舉止，打從年輕時，這位來自台東鹿野阿美族的好手，接受訪問的妙語如珠，常讓媒體不用修改就直接掛在新聞標題上，是許多記者心中的最佳好咖，也很少會拒絕訪問，每次都是真誠回答，不會拐彎抹角，直球對決有話直說，一點也不打官腔。後來我轉換角色變成他的隊友後，感受更加明顯，不管是指導或是建議，他都樂於分享。

至於外裝部分，絕對都是符合潮流曲線絕不掉漆的堅韌硬殼，在訓練上也是大家的模範大哥哥，重訓室經常是最後一位離開，不管是打擊技術，或是身體的自我維持，都是他能奮戰超過四十歲的關鍵，以前看他大都以重量訓練為主，現在稍微有年紀了則是加強靈活性，減重減脂肪都需要下一番苦心，就連比較少人會注意的眼睛保養，他也非常注重，減少使用智慧型手機，來維持手眼協調，這些都是為了延長球員生涯的競爭力。

也就是因為身體力行的生活日常和比賽訓練，言教加身教自然在後輩間有充分說服力，已經擁有多項個人獎項和六枚冠軍戒指，打響了綠色坦克的招牌和地位，這位沙場老將也不會停止運轉，繼續在職棒場上奮鬥，除了期待創下更多的台灣棒壇紀錄，也期待他會繼續留下更多的棒球驚嘆句。

（羅國禎）

平安喜樂。

～桃猿終結者兼網紅「鄉長」陳禹勳的臉書口頭禪

這是屬於我們蝴蝶球投手的勝利。

迪奇（R.A. Dickey）

迪奇

大器晚成的代表人物，昔日以選秀首輪之姿踏入職業殿堂，卻因體檢結果呈現缺乏右手肘尺骨韌帶，使得簽約金大幅縮水，生涯初期幾經波折，浮沉於各隊的大小聯盟之間，轉型專攻蝴蝶球後漸入佳境，二〇一二年成為史上第一位榮獲賽揚獎的蝴蝶球投手。生涯結算四百場出賽、三百場先發，拿下一百二十場勝投。

「一隻蝴蝶在巴西輕拍翅膀，可以導致一個月後德州的一場龍捲風。」此著名的「蝴蝶效應（Butterfly effect）」，是氣象學家愛德華·羅倫茲（Edward Lorenz）用以解釋他的研究發現時所做的比喻。說來也巧，史上第一位「蝴蝶球賽揚」迪奇（R.A. Dickey）的職業棒球初站，正是德州遊騎兵隊。

二〇〇一年，二十七歲的迪奇首度踏上大聯盟投手丘，武器是剛猛速球，十一年後，他憑藉陰柔的蝴蝶球勇奪單季二十勝，獲得專屬投手的最高榮譽——賽揚獎時，他激動表示：「這是屬於我們蝴蝶球投手的勝利。」

球場上涇渭分明，不同隊伍之間的選手除非私交甚篤，否則幾乎不會密切交流討論投球技巧或是打擊秘訣，但是蝴蝶球投手不同，正因他們是少數中的另類、異端中的怪胎，把一樣寄託蝴蝶球的投手視為「知音」看待、傾囊相授，深怕這個罕見「絕活」有一天會失傳，彼此惺惺相惜、相濡以沫，畢竟沒有人天生把蝴蝶球當第一志願，做出如此選擇通常是不得不的背水一戰，迪奇當初決定「從零開始」嘗試蝴蝶球，也遇到困難與瓶頸，甚至被老虎隊單場扛六發全壘打、創不名譽紀錄，一路上跌跌撞撞，透過哈夫（Charlie Hough）、尼克羅（Phil Niekro）、威克菲爾德（Tim Wakefield）等人的提攜、經驗分享傳承，從

當你能丟一顆蝴蝶球完美落進好球帶時，那就像是隔著一條街，將一隻打嗝的蝴蝶扔到隔壁鄰居郵箱一般。
～史塔傑爾（Willie Stargell）對蝴蝶球的妙喻

黑暗摸索到豁然開朗。

小聯盟時期看過巔峰的安凱爾（Rick Ankiel），也明白他「棄投從打」的奮鬥史，這對迪奇的「轉型」決心影響深遠。人們總害怕作改變、遠離舒適圈，因此當你開始進行「改造」時，有休戚與共的前輩給予建議、同舟共濟，這般情誼顯得格外寶貴，所以迪奇才認為他的賽揚不只是他的賽揚，而應當分享並歸功於所有蝴蝶球「同類」們：「如果沒有他們場內場外協助過我，我無法獨自走到這一步，其他蝴蝶球投手們也曾有傑出成績，但未必像我一樣幸運被獎項肯定。」

迪奇儘管自小父母離異、母親一度酗酒，但他擁有良好基因——外公以前擅長蝴蝶球、父親原本可以打職棒（紅人隊有端上合約，卻因他的意外誕生而改變計畫）、妹妹在壘球隊表現突出——讓迪奇透過美式足球、棒球等運動建立成就感，擺脫中學時打架鬧事的荒誕青春，正當大學階段球技精進、入選奧運代表隊以及選秀第一輪得到賞賜等際遇，即將平步青雲時，命運之神偏偏開了天大玩笑：體檢結果顯示迪奇的右手肘——也就是投球慣用手——竟沒有尺骨韌帶！不僅簽約金條件大打折扣，更增加球團對他的疑慮，隨著年紀增長，球速一如所料地出現衰退，走投無路情況下，他接受教練的規劃：成為一名蝴蝶球投手，這是谷底翻身的唯一希望。

在大都會發光發熱、以蝴蝶球讓球壇目眩神迷之前，迪奇從遊騎兵輾轉至釀酒人、水手、雙城等隊，一度收到來自韓國職棒的網羅邀請，讓他陷入猶豫，種種足跡呈現迪奇是不折不扣的「浪人」，對於未來誠惶誠恐、戰戰兢兢，是許多小聯盟球員會面臨到的十字路口，渴望一份安定感和歸屬感，而他也不停嘗試與學習好投手該具備的特質：「最優秀的投手，是那些懂得算計並知道如何貫徹的人——既懂得贏球方法且能持之以恆的人。」

恰似美麗蝴蝶需要破蛹而出才會蛻變重生，迪奇的人生也充滿不幸，幼年時被保姆、大男孩性侵的陰影創傷揮之不去，對親密關係如履薄冰，曾因吃罌粟子烤雞而藥檢未過、處於球技和經濟低潮時有過一夜情的不貞行為、考慮過自殺一了百了，不為人知的黑暗面如影隨形，倘若他屈服於壓力，「蝴蝶賽揚」佳話便不復存在。迪奇透過信仰的力量、尋求心理醫生幫助、敞開防備傾露自我，花了好長時間才逐漸克服與走出、變得更加強大，「唯有誠實面對過去，感受逃避的傷痛，才能獲得真正的自由，過自己想要的生活。」迪奇的舅舅告訴過他：「意志力更勝體力的四倍。」他用他的許多遭遇去印證，拚勁必須不落人後。如同自

魚會知道你在慌、在動，你愈放空，愈能釣到魚，這很像選球。
～林子偉用「釣魚」比喻打擊的心理建設

傳所提：「或許你會擊中我的球，打得我七葷八素，但我總會重新站起來，不斷朝你進攻。」蝴蝶球的軌跡難以捉摸，乘風而起、以柔克剛，在大幅度的詭異變化下，讓對手無法掌握。迪奇相信，若是愈求好心切，成功的機會就愈渺小：「無論好壞，都不能太執著。最好的成績往往無法強求，反倒是從容自若。」

扭轉迪奇人生的不只蝴蝶球，還有接受心理諮商的療程，負面情緒是世人共通課題，迪奇的「負能量」又更加濃烈，若沒有妥善面對它、放下它、處理它，焦慮與疑懼會壞了大事：「等我不再逃避人生後，我才能面對投手的角色。」

追根究柢還是人人都需要的歸屬感，它讓我們得以在滾滾塵世繼續搏命生存，對於迪奇來說，蝴蝶球有著遺世獨立的美感，屬於蝴蝶球投手們不分敵我的「永結同心」一脈相承，更是扮演生理與心理上支撐的後盾。山不轉路轉，路不轉人轉，山窮水盡疑無路，柳暗花明又一村。

（陳志強）

棒球就是要這樣才會好玩。

王宜民

王宜民

一九九八年亞青杯國手，二〇〇四年加入中華職棒中信鯨隊，是中信鯨明星球員、超人氣傑尼斯二游。

退役後轉任教練，執教功力備受肯定，為二〇一六年、二〇一八年第九屆亞洲少棒錦標賽中華少棒代表隊總教練。

在台灣，棒球常被稱為國球，所以大家特別看重，與其說看重，其實是把輸贏看很重。而這股風氣就連在小朋友的棒球世界裡亦是如此，早期常常為了苦練決勝負，眼淚吞下肚，軍事般的叫罵已經成為常態，打棒球不再快樂，小球員可能早就忘了，自己曾在街上拿著瓶蓋或是在走廊把報紙揉成球，和同學對決的棒球遊戲。但二〇一八年八月十九日這天晚上，在擠進爆滿觀眾的青年公園棒球場，一切似乎有些不一樣了。

球迷一聽到這四個字就會高潮的戲碼即將上演——「中韓大戰」，且是最終冠軍戰，這次，又換到哪一批中華隊選手要承受來自全國的巨大壓力？答案是一群平均大概一百五十多公分的十二歲小朋友。

六局制的亞洲少棒賽，五局上先攻的韓國，趁著中華隊兩次守備失誤，打破僵局取得一比零的領先，球場也突然變成寂然無聲。場上中華隊的球員，雙手撐著膝蓋彎腰嘆息著，因為已經到了比賽後半段，這一分無比巨大。

總教練王宜民當然發現小朋友的狀況，五局上結束後，把所有球員集合起來，看著已經垂頭喪氣的一群十二歲小男孩，沒有針對前一局掉分的守備失誤責罵，而是跟他們說：「還有兩局可以進攻，不要放棄，落後沒有關係，因為⋯⋯

棒球就是這樣，你最後又贏球了才好玩，那種刺激感才會有。」

面對滿場這種極大的國際賽壓力，我覺得教練做得很好的一點就是帶出了「玩」這個字。小朋友的比賽還是該回歸到玩遊戲模式，才能更放鬆。果然再上場的中華小將臉上，漸漸有了點笑容。五局下半兩人出局，曾聖安敲出二壘安打後，胡振義一棒揮出左外野方向深遠安打，他一路衝，滑上三壘時，比出safe飛翔的動作，這才是平常在學校裡玩的表情吧？要回來的不是漏掉的分數，而是找回失去的嘴角飛揚，馬上下一棒雙胞胎的弟弟胡振利，再敲安打，把哥哥送回來，一輪猛攻後變成三比一。

最後六局上韓國也追到二比三，並且追平分上到一壘，輪到的還是韓國強棒，這次打到前一局發生過失誤的右外野手方向，力道比上一次更強勁也飛更遠，不過這次右外野手接到了。林后稷跳起來接殺，比賽結束，休息室的隊友也拿著礦泉水瓶衝出來互相灑水，小朋友的笑臉搭配灑在空中水花，像極了超級瑪莉破關後的空中煙火。

對這些國小生來說，最開心的不是大人口中「終於贏韓國了」，而是他們破了一關又一關，最後擊退大魔王的喜悅。賽後看到總教練王宜民，我也立刻過去

自己從小在科班學校球隊打球，一路走來除了打球還是打球，錯過很多學習其它東西的機會，不希望下一代走同樣的路。
～培育新竹基層球員的前職棒選手張民諺

送上祝福：「學長恭喜啊。」畢竟距離上次和他見面應該已經有十年了吧。

差不多十年前，我們都還是台北體育學院的學生，他是國手常客的大學棒球明星球類系，準備要進軍職棒，而我們是常被笑沒有專長的休閒管理學系，但在班上同學有相同社團的牽線下，讓我們認識了這位人學長，後來系上成立了棒壘球社，也請這位球星級教練來客串指導。

因為我們都是初學者，所以鬧了不少棒球笑話，但那時的王宜民還是很熱心用輕鬆的方式，傳遞每一個動作和觀念。印象最深的一次，我們去參加某菜市場盃，剛好他也放假，穿著便服跑來球場看我們，不過我們系壘級的跑壘還是嚇了他一大跳。他說：「這是棒球啦，你們不能當壘球這樣跑啦！」後來他還是不放心，便直接跟我們的三壘指導員說，你球褲脫下來給我穿，換我上去指導。

他迅速準備想上去，但被我們拒絕了，因為三壘指導員，就是剛剛比賽中換下的選手，其實他的褲子已經又是紅土又是泥巴，還帶點臭味，實在不好意思讓這位棒球明星穿上。可是這樣的舉動，已經震撼了我們，也見識到他對於教學的熱情和執著。

後來王宜民也如願進入職棒，憑著這種教師味的氣質，馬上成為中信鯨的當家球星，被封為超人氣傑尼斯二游，不過後來球隊解散，也結束了球員生涯。後來他在大勇國小任教，培育出許多好手，像林立、徐若熙等等，另外也開拓社區棒球。創新的將科班和非科班小朋友，雙軌並行。算是極早就發展社區棒球的科班教練，因為社區棒球就是強調玩樂，當小朋友在假日或課餘間，玩出樂趣和興趣之後，再來往專業發展。

從小就是科班訓練出身的王宜民，最了解這種缺少將棒球當遊戲的遺憾，所以想發掘更多條路給小朋友選擇。不管是校隊、社區或是國家隊，打球時都能帶點玩樂與享受。回到打球的初衷，而不是只有輸贏。

有專業有細膩，也有興趣培養和歡樂。這些小細節從王宜民身上都不難看出來，其實真正厲害的教練，不是教出多會打擊或是多會投球的選手，而是教出來的選手，很會玩棒球。

（羅國禎）

台灣球員可能從小就一直被教練罵，跟著教練的步調走，遇到失敗也會一直陷入絕望困境走不出來。
～張育成談台灣選手的心理素質

吾郎的熱情讓我更喜歡棒球了！

大谷翔平

大谷翔平

天賦驚人的超新星，選秀前夕是美、日球團競相爭逐的目標，最終接受火腿隊的條件，選擇留在日本發展，在球團全力協助大谷翔平「二刀流」培育模式下，於二〇一四年成為世界棒壇第三位「單季十勝、十轟」的球員，二〇一七年球季結束後與洛杉磯天使隊簽約、挑戰大聯盟，屢創紀錄，堪稱本世代的棒球界奇才。

「王牌投手兼第四棒」、「強投豪打」如此這般漫畫情節，在學生棒球階段雖是常態，一己之力撐起球隊重責大任，然而轉換到職業層級卻罕有人能勝任，畢竟術業有專攻，投手和野手要面對的課題、訓練菜單是截然不同的，最高殿堂各個球員皆為菁英中的菁英，要兼顧投打、在天秤兩端取得平衡，談何容易？

但，如果一直被先入為主的既定成見束縛，打從心底認為「不可能」，那恐怕就真的無法實現了，因為任何一點的可能性都遭到否決。勇於挑戰的那號人物名喚大谷翔平，他對棒球的瘋狂熱情，很大一部分來自熱門漫畫《棒球大聯盟》。「吾郎的熱情讓我更喜歡棒球了！」主角天不怕地不怕的性格、從投手轉打者的過程，真切驅動著大谷翔平追尋夢想。

父親為出身業餘球隊的棒球員，母親則是羽球選手，「天選之人」大谷翔平承襲優異運動細胞，高中選擇就讀偶像菊池雄星所屬的花卷東高，原本打擊能力不俗的他直到高一的秋季才開始擔當投手，球速一路成長，飆到一六〇公里，轟動棒壇。

投入選秀前夕，許多日職球團都認為大谷翔平有極高機會與美國球隊簽約，唯有北海道日本火腿鬥士隊豪賭一把，而後提供的合約、待遇、附帶條件也讓大

球員某種程度上也是公眾人物，不能再只是把球打好就好，也要懂得回饋社會。
～味全龍總教練葉君璋

谷翔平點頭、身披達比修有穿過的十一號球衣，之後也果然在日職締造無數輝煌紀錄，是日職獨一無二的至寶。

效力火腿的五年間，每年都入選明星賽甚至拿過全壘打大賽冠軍和明星賽最有價值球員，勝投王、防禦率王等獎項琳瑯滿目，而這些成就絕非偶然，除了得天獨厚的天份，更關鍵的是「對目標的堅持」，根據他高中教練佐佐木洋透露，大谷翔平律己甚嚴，善用「曼陀羅計劃表」（註）——九乘九的表格共八十一個格子，最核心之處是「終極目標」，其他地方則是為了達成目標得具備的眾多要素——藉著縝密心思，規劃要達到目標所需要的特質，試圖循序漸進、逐一鍛鍊並完成，就像拼圖般一片一片拼湊出夢想的形狀。「奪下日本一」、「投出日本最快的一六三公里紀錄」、「超越菊池獲得八球團的第一指名」等都包含在內：「志向這種東西，如果太普通就無趣了。」他也曾經受訪表示最喜歡的名言是：「永不放棄自己堅信的目標。」最後圓夢旅美。

正因大谷翔平相信「運氣」可以透過「努力」創造出來，所以他非常努力，「曼陀羅計劃表」各面向都不懈怠。待人接物客氣、心思單純天真的他不願好高騖遠、寫空頭支票，面對懷疑的眼光，他更加埋首鑽研、求進步，打破外界質疑，始終對美國有憧憬的大谷翔平，首次春訓就面臨嚴重瓶頸，尤其打擊部分被評為「高中生水準」——明顯應付不了變化球、被三振淪為司空見慣的畫面。

期待愈大，旁人給予的審視標準就愈嚴苛，畢竟「雷聲大，雨點小」的前例所在多有，井川慶、西岡剛和中島宏之等血淋淋「投資失敗」案例難免帶來陰影，在大谷翔平繳出實績前，美國球界是不會把日職時期的成績當一回事的。

不服輸的大谷翔平調整揮棒前的抬腳動作，正式開季後安打、全壘打接連出現，投手丘上也施展絕技，大殺四方，和春訓時的蹩腳困窘天壤之別，令過去落井下石的人跌破眼鏡、刮目相看，發表「高中生水準」的記者還公開坦承錯誤。大谷翔平將失敗經驗化為養分、順利茁壯：「我有太多成長空間了。我覺得我現在還沒有看到具體極限，還有很多可以學習的東西。」

大谷翔平挑戰的路並不平凡，體力調配、高競爭強度的環境，處處皆考驗，他明白旁人的期望總參雜著些許不信任，對此他泰然自若，勇於接受不確定性：「我很確信我以後一定會碰到阻擋自己的牆，一旦我撞上這面牆，就得更加努力去嘗試、用盡一切力量去跨越這道牆。」擁有罕見的「二刀流」能力，攻守兩端都能給予水準以上的回報，投手丘的他能飆百哩火球，站在打擊區能扛深遠全壘

皮肉痛還可以忍，沒球打最痛苦。
～黃泰龍球員時期的心聲（當時還叫「黃仕豪」）

打，還成為第一位在大聯盟創下完全打擊的日本球員，載入史冊。

靦腆謙虛的大谷翔平如此風靡的原因除實力以外，還有略顯「天兵」的人格特質：加入天使後提出想學習烹飪、騎腳踏車通勤的要求，但這些行為都有受傷風險，讓球團嚇出一身冷汗，種種事蹟看似「少根筋」的「鄰家陽光男孩」，但無論是嚴格自律的態度或是言談中透露的決心，都證明能阻擋他的人唯有他自己，反差無比強烈，即便傷勢、手術接連找上門來，卻從不消沉失志與退卻。

千里之行，始於足下，人生有夢、築夢踏實，更重要的是大谷翔平的字典裡滿是「熱情」，他的起點明確、目標清晰，腳程飛快的他更不過度急躁，而是一步一步往終點邁進。喜愛棒球漫畫的他，身體力行向漫畫角色「致敬」，屢屢讓球迷、隊友、對手甘拜下風與大開眼界，讓自己的故事比漫畫還要漫畫、比電動還要電動，何其奇幻！

（陳志強）

註：「曼陀羅計劃表」的主要概念是由一個想法（核心主題），擴散出八個想法（基礎思考），而每個基礎想法，再分別連結衍生八個想法（實踐思考），不只能夠運用在「夢想」，亦適用於企業經營、團隊合作等面向，坊間有許多介紹、推廣它的專書。

這個世代我們要一直贏下去。

王柏融

王柏融

二〇一五年加入Lamigo桃猿隊，創下中職首位年度四成打擊率、首位中職單季兩百安，二〇一八年透過入札加盟日職。

曾獲中職二〇一六年新人王，二〇一六年、二〇一七年打擊王、安打王，二〇一七年全壘打王。二〇一六年、二〇一七年年度MVP。

二〇一六年十月十日的桃園球場，天空沒有放國慶日煙火，放起了全壘打煙火，Lamigo和富邦比賽的四局下半，王柏融一棒掃出中外野全壘打大牆，繞過三壘時他大大嘆了一口氣，賽後他說：「終於把心中的大石頭放了下來，鬆了一口氣。」因為這不僅僅是一支全壘打，而是中華職棒史上從來沒有人完成過的紀錄，單季兩百安。

從倒數十支時就開始跟拍他，可以感受到，儘管狀況有好有壞，他還是穩定的每場敲出安打。面對這偉大紀錄，似乎沒有被情緒起伏給影響，對於一個職棒新兵非常不容易，最後他也提到，這項里程碑以前沒有人體驗過，所以很有收穫，自己能撐過這一段壓力，學到了很多，收穫滿滿。

王柏融是來自屏東的小孩，國中時期打出名號，這讓高中強權的穀保家商早就鎖定這位好手，不過當時教練有疑慮的是，他鋁棒打得非常好，但不知道轉換到木棒的時候，能否有同樣穩定表現。結果成績還是非常不錯，國內的各項賽事累積了許多冠軍，卻換不到一次的中華隊球衣，這也是大王在三級棒球中最大的痛，他說：「其實非常挫敗，因為已經來到最好的學校了，竟然還是沒能如願選進中華隊。」當時穀保大家長蔡明堂也說：「當時他真的很難過，哭很慘，中華隊對他真的很重要吧。」

帶著這個遺憾到大學後，更轉化成巨大的反彈力，進入文化大學棒球隊，加強了許多重量訓練，擊球距離大幅增加，全壘打也提升，這個新鮮人馬上晉升為業餘第一強打，到成棒後反而成為國家隊常客，也圓了小時的夢想。特別在二〇一四年仁川亞運會，在這個不管是職業還是業餘都擠破頭想要進入的一級國際賽，每次名單幾乎都由職棒和旅外選手包辦，但王柏融還是照樣脫穎而出名列其中。

經過亞運越級打怪的歷練，緊接著回到了大學的U21世界棒球賽，已經升等完成的王柏融，直接被定位在第四棒，只是因為壓力太大，預賽完全表現失常，但總教練郭李建夫還是繼續相信他。終於在最關鍵的中韓大戰，〇比一落後的情況下，王柏融一棒左外野深遠的安打，把壘包上兩位隊友全部送回來逆轉比數，自己跑上三壘的時候，壓抑的情緒也終於宣洩出來，雙手振臂高呼，兩行眼淚也跟著滑了下來。

這位新的台灣第四棒，用這感人的經典畫面，回饋教練的信任，包括這次比賽還有世界大學運動會，擔綱第四棒的他，都幫助中華隊拿下了冠軍，並且擊敗

感謝所有幫助我及阻擋我的人，因為有你們才能塑造出我。
～2019年與海盜隊簽約的內野手鄭宗哲

了總是輸多贏少的宿敵韓國隊，王柏融也留下了一句冠軍感言：「希望這個世代開始，可以一直贏韓國下去。」

這兩座金盃讓王柏融聲名大噪，成為國內外球探關注的目標，特別是當時Lamigo球探石志偉，有一次觀察到，他竟然連續兩次敲出了反方向的全壘打，業餘打者卻能展現充滿力量的廣角長打技巧，實在讓石志偉相當驚訝，

最後王柏融如願以第一指名進入中華職棒的Lamigo球團，進入職棒後也不用適應期，就展現出超級新人的空前表現，短短半年就在總冠軍戰表現優異，拿下總冠軍戰優秀球員獎。

隔年他經過完整春訓後，更是開啟破紀錄之旅，不只把打擊紀錄刷新，還逐層蓋起未來也難以跨越的大王障礙，原紀錄單季最高安打數是一百七十四支，他直接推高到完美的兩百支，打擊率也跨越了另一層級，是近三十年來首位四割男（0.414），一連囊括許多個人獎項：壓倒性的高票新人王、安打王兩座、打擊王兩座、全壘打王一座、還有最高榮譽的年度MVP也是兩次，生涯橫掃台灣棒壇，吸引了許多國外球探注意，國外球團因為他展開追逐戰。最後成為中華職棒首位使用入札制度旅外的球員。

也因國外不斷追逐，幾乎讓王柏融確定中職生涯將在打完第四年後畢業，最後一年他有個地方令人印象深刻，通常在確定將離開現在的球團時，還沒有跟新球團簽約保證下，會更保護自己的身體，不過他卻在中職的最後一年說想要挑戰另一個紀錄——全勤。

怎麼會有這種想法？他說：「因為想好好享受在中職的時光，珍惜每一次上場打擊的機會，如果打不好，也算是美好時光，因為這是我倒數的幾個打席了。」

這樣的想法，更能感受到他對台灣的特殊感情，其實大王在面對記者時一向比較寡言，不過講到家鄉或是打擊技術的時候，就可以讓他打開話匣子，大談闊論怎樣調整揮棒動作，練習時怎麼去加強擊球的方向，對於棒球真的是滿滿熱情。回想這個當時落選中華隊就哭哭啼啼的小男孩，已經成長成新的台灣棒球明星，不只要讓我們這世代一直贏下去，他的棒球破紀錄之旅，也是沒有終點，會繼續邁向最高峰，成為世界級的大王。

（羅國禎）

至少有出去過再回來，看到不一樣的東西，不會覺得失去什麼。回熟悉環境後，把自己再提升，也不會覺得浪費一年，把自己該做的做好。

～劉致榮談旅美首季受到疫情影響，整年沒球賽打

如果你無法控制情緒，那情緒便會控制你的行為，那就不妙了。

李維拉（Mariano Rivera）

李維拉

出身巴拿馬的小漁村，原本守游擊和外野，經隊友推薦給洋基球探才展開投手生涯，是「卡特球」與「終結者」的代名詞，十九年資歷累積六五二次救援成功，前無古人後無來者，更是大聯盟史上最後一位四十二號背號使用者，二〇一九年成為史上第一位以全票殊榮進入名人堂的傳奇。

二〇一九年熾夏，一年一度的名人堂進駐儀式悲喜交加，悲的是「大夫」哈勒戴（Roy Halladay）已先一步離開人世，無法親自發表感言，喜的是古柏鎮首位「百分百得票率」殊榮終於誕生——李維拉（Mariano Rivera）獲得四百二十五票全數肯定，名字在史冊上記下大大一筆，風光明媚的好天氣更讓這屆盛事的獨一無二重要意義顯得隆重非凡。

除了由遺孀代表出席的哈勒戴，當屆還有穆西納（Mike Mussina）、指定打擊馬丁尼茲（Edgar Martinez）、後援投手史密斯（Lee Smith）、巴恩斯（Harold Baines）等人進入聖殿。儀式中，李維拉擔任最後一位致詞者，一如既往，呼應他球員生涯的雋永形象，壓軸出場的他笑道：「我不明白為何我總是最後一個登場，但我猜是因為很特別吧！」

中繼投手有很多個，但把關最後一道防線的終結者只有唯一一個，曾有人形容「救援投手」是棒球場最吃力不討好的職位：有功無賞，打破要賠。這群人又被稱作「守護神」、「終結者」，顧名思義，經常在比賽尾聲上場，呵護即將到手的獲勝滋味，將對手反撲氣焰澆熄封鎖，承載的心理壓力不是普通地大，畢竟球隊勝利繫於己身、扛起責任，英雄狗熊一線之隔。

棒球能提供民眾動力，是球員以及這個國家人民需要的。
～總教練梅登（Joe Maddon）談疫情期間棒球價值所在

要擔當終結者，乃至於全世界最偉大的終結者，李維拉自有過人之處，那便是沉穩安定內斂的人格特質，他說過：「如果你無法控制情緒，情緒便會控制你的行為，那就不妙了。」畢竟人最大的敵人始終是自己。紐約洋基充斥球星，他和風格鮮明華麗的基特（Derek Jeter）、大鳴大放的A-Rod（Alex Rodriguez）、翩翩小生佩提特（Andy Pettitte）大相逕庭，李維拉低調沉默，率性卻鮮少展現情緒，曾經一個打席讓強打克雷斯科（Ryan Klesko）打斷三次棒子，製造無數斷棒（「退休巡禮」時雙城隊就巧思致贈用斷掉的球棒組成的椅子），卻冷靜地不動聲色，仰賴強韌的心臟與銷魂卡特球闖出一片天，持續進攻好球帶邊緣：「我相信我投出去的球，也相信我的隊友們。」

從小聯盟時期就與李維拉攜手打拚、彼此建立深厚革命情感的基特，對戰友十分推崇：「始終如一，是我最尊敬李維拉的地方，他的心智無比強悍。」也難怪在李維拉最終戰見到基特與佩提特上場換投、拍肩時會罕見潰堤，知音陪伴道別的心情豈能等閒視之？儘管洋基前輩高賽吉（Goose Gossage）曾驚嘆：「他的血管裡彷彿是冰水流淌著。」一起奪冠的高汀（Chad Gaudin）更是折服：「沒有任何情緒能影響他。」但李維拉自承：「我並非無懈可擊，因為我也是人。」

「好的救援投手，最需要的是冷靜與忘掉失敗。」日籍終結者高津臣吾曾如此激勵林岳平，的確，人都兼具理性與感性，如何避免在某些時刻被情緒淹沒，是能否登峰造極的關鍵，有句話是：「真愛不是從不吵架，而是吵架了還能一輩子。」同理可證：「優秀終結者不是從不砸鍋，而是砸鍋後還能回穩。」

李維拉在第九局演出三上三下的救援成功是家常便飯，這讓他的失手場景更深刻被烙印在心，尤其二〇〇一年世界大賽第七戰的緊要關頭慘遭響尾蛇毒手，讓洋基煮熟的鴨子硬生生飛走，不過他並未因這次挫敗喪志消沉、一蹶不振，相反地後來還很慶幸自己因緣際會讓隊友陰錯陽差避開「死亡班機」（註），他將此難得經驗歸於主：「上帝的安排，一定都有祂的原因。」

李維拉的沉穩很大部分源於虔誠的信仰，少年時期漂泊的捕魚生活遇過意外、面臨生死交關，讓他懂得看淡世事、珍惜一切：「我全然奉獻在當下，不擔憂過去或太期待未來。」他將無意間習得的卡特球視為「上帝的禮物」，認為自己的任務與使命是榮耀上帝，身體力行成立教會、協助整修教堂等等，每個人都有專屬寄託，李維拉的寄託是信仰，那你的呢？讓你義無反顧又能夠心安、有效

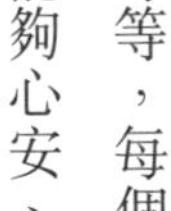

其他投手遇到危機時常常試圖把球催快一點，而我則是努力丟準一點。
～控球精準至極的麥達克斯（Greg Maddux）

控管情緒的寄託為何？

李維拉對目標相當執著，小聯盟時期秉持的態度是：「假使我沒有踏上頂尖殿堂，絕對不會是因為別人比我努力。」這是他的信念。隨心所欲、能丟到刁鑽邊角的控球當然來自天分與勤奮，但心理建設亦不可或缺：「讓事情保持簡單，知道正確的技巧，這麼一來就能有效率，我認為這永遠是最好的做事方法，在人生的各層面皆然。」李維拉也多次強調全心全意的「專注」：「當你開始胡思亂想，很多事就會發生。」

YouTube有段影片記錄了李維拉在家中接獲「全票入選名人堂」報喜電話的剎那真實反應，簇擁在身邊的親友都比他還要激動興奮，反倒是主角李維拉相對冷靜，沒有又叫又跳的浮誇動作，也沒有尖聲狂吼，僅帶著喜上眉梢的止不住笑意擁抱擊掌，已經是「尺度」最大的慶祝方式，以瀟灑姿態流露情緒。

隨著時代演進，現今許多球員也會尋求心理師的協助，以便幫助球場上的表現，包括中信兄弟詹子賢、吳明鴻、味全龍廖文揚以及國體大的投手莊陳仲敖都曾提及心理素質的重要性，畢竟到了一定的層級，選手之間的技術面差距有限，如何調適與面對壓力與情緒，或許才是勝敗分水嶺，相信李維拉這段話呈現的態度，不管過了多久，仍有值得借鏡和學習之處。

（陳志強）

註：二〇〇一年十一月十二日，美國航空五八七號班機失事，超過兩百名乘客罹難，若李維拉救援成功為洋基奪冠，隊友威爾森（Enrique Wilson）便會留在紐約參與封王遊行，無法提早返回多明尼加，而照原定計畫搭上這班飛機。

棒球就像開車，最重要是平安回到家（本壘）。
～道奇傳奇總教練拉索達（Tommy Lasorda）

我對棒球的態度和信念，依然不變。

王勝偉

王勝偉

二〇〇六年加入中職兄弟象隊，職棒生涯經常帶來關鍵一擊，被球迷稱為「天生英雄命」，也因個性活潑深受球迷喜愛。

十一度入選中職明星賽，四次盜壘王，史上最多金手套獎（九次）。

「每年球季結束後兩個星期，我就開始自主訓練，在寒冷冬天，無數天還沒亮的清晨，我展開一天的訓練，過程雖然辛苦，但我對棒球的態度與信念，一直到現在，此時此刻，依然不變。」這段話是斷斷續續講完，幾度哽咽中斷，淚流滿面的王勝偉含著淚水，還是在台上把感謝詞給念完，這是二〇一七年的頒獎典禮，當年他拿下了盜壘王和游擊手金手套獎。

和王勝偉認識的時間算滿久，從他進職棒的第一年就很常採訪他，因為個性真的很活潑，完全不怕生，在球隊就是一個開心果。只要採訪內容少一段嗨咖，找他準沒錯。

王勝偉的幽默也是師出名門，他來自台東成功商水，教練就是在東部鼎鼎大名的高克武，幽默的高教練一開口都會讓小朋友哈哈大笑，王勝偉也把這種台東自然high的性格，整個移植到球場上。

他以選秀狀元進入兄弟象隊，並且在還沒有任何職棒出賽的經驗下，就入選當時眾所矚目的八搶三奧運資格賽的中華隊，雖然上場機會不多，但參與在這眾星雲集的國家隊，光是大賽經驗值就已經爬升到更高層級，讓大家都非常期待這位好手。

只有承受住磨難與逆境，運氣才會跟上。
～旅美追夢的南韓強投金廣炫

頂著這樣的光環，王勝偉第一年的職棒體驗，就以極具破壞能力的快腳程，還有兄弟傳統的扎實守備，做了最好的自我介紹，新人年即拿下盜壘王和游擊手金手套，也開啟了他的中職金手套之旅。

王勝偉其實在學生時期守備位置就以游擊為主，不過當時只是守備範圍大，整體表現並不穩定。大幅度的進步還是在兄弟象時期，也因為就是以接班人姿態入隊，當時都以日式嚴格訓練方式對待，王勝偉不但沒有抗拒，還都能照單全收，和陳江和組成了新一代的黃金二游，許多精彩美技，和充滿默契的雙殺傳接都是網路上點閱的大熱門影片，從一些穩定的基本功動作，或是華麗的撲接，都幫球隊擋下許多關鍵失分，成為黃衫軍的最佳防線。

前十三年的職棒生涯，竟然就拿下了破紀錄的九座金手套，這些獎項和榮耀，真的就如前面頒獎感想一樣，貨真價實，因為後來我有機會常常和王勝偉一起練球，完全可以做保證。職棒早期，許多球員在球季結束後就是休假，但王勝偉都是在短暫休息後就展開自主訓練。他和幾個球員相約球場，固定可能練四休一或練五休一的閉門特訓，其中有一年我去找他訓練，跟著他跑體能，一開始都還能並肩快跑，沒想到過了六、七圈後便完全追不上，原來他前幾天就已經開始訓練了。很特別的一點是他很享受和崇尚這樣嚴苛的日式訓練，所以每一個動作或是每一個小細節都很到位，甚至還會研究這些接傳技術內容，看看哪些可以加以改良或是更適合自己，而且這幾乎就是每年的例行公事，就如感謝詞裡的……渡過了無數的辛苦清晨。

也因為跟他有多一層認識，多了許多私下相處的機會，所以還有一點想特別提出來講，在參加球隊活動的態度上，他都是非常配合的，有時候還會自帶效果，炒熱全場氣氛。其實以職棒球員這個工作來看，這點是非常重要的，球隊裡面其實總會有一些，很願意配合活動和不是很配合的球員，所以王勝偉這種類型就非常難得，不管是球迷會還是一些場邊活動，他常常是球團行政的最佳救火隊，需要炒熱場子時，選他絕對就是安心保險牌，這也是球迷比較看不到的背後一面，卻是非常敬業的一環，因為每個活動或是每個出席，其實都代表球團，這可能是該位球迷，唯一一次和球星近距離接觸的機會，如果可以給粉絲一些歡樂回應，都會是特別美好的回憶。

也因為這樣外放的個性，當王勝偉生涯遇到低潮時，往往都能很快爬起來，職棒生涯獲獎無數，除了金手套之外，還有兩座最佳十人，四次盜壘王，連另類

棒球跟人的一生非常相似，如果沒有一些突發性的元素，那便顯得無趣了。
～「世界全壘打王」王貞治

的觸身球紀錄都有，他是史上第二位完成百觸的選丁，對於球迷戲稱為最會吸球的萬磁王，他也是笑笑的說：「雖然常常很痛，但只要能幫球隊贏球，絕對什麼都願意做。」

王勝偉扣除因觸身球受傷，生涯其實沒有太多的重大傷害，來自高標的自我要求，歷年的成績數據都非常平均，幾次的危機都能快快度過，職棒中期也遇過球隊請來內野雙洋砲的競爭，扣掉兩個位置，本土幾乎就沒有太多的上場空間，但王勝偉也能轉換到三壘守備，同樣做出貢獻，年齡歲數增長後，不但沒有退化，還爆發出長打能力，歷年全壘打之數都在五支以內的短槍，在三十四歲時突然短槍變長槍，連續兩季都有兩位數以上的全壘打，還在三十五歲入選世界十二強賽的中華隊，擔任球隊的主力游擊手，對上強敵韓國和美國，還敲了幾支讓人印象深刻的長打，守備穩定更是本身的招牌，台灣棒壇如果要提到經典游擊手人選，王勝偉是不可能被遺忘的名字。

（羅國禎）

棒球，人生課題

人生跟棒球一樣，都需要廣角打法。

～「金臂人」黃平洋

如果能夠天天打棒球，那就該珍惜這個機會，不是嗎？

小瑞普肯（Cal Ripken, Jr.）

小瑞普肯

活躍於二十世紀末的棒壇傳奇，二十一年大聯盟生涯皆效力金鶯，累積超過三千安，長期駐守游擊，入選十九次明星賽，並創下連續兩千六百三十二場出賽的曠世巨作，被視作最不可能被改寫的紀錄之一，有「鐵人」（Iron Man）之稱，二〇〇七年高票入選名人堂，八號背號也理所當然被金鶯退休表揚。

金鶯隊因陳偉殷的緣故在台灣能見度大增，這支球隊前身是聖路易棕人，一九五四年遷至巴爾的摩，並改以金鶯作為隊名，漫漫歷史中擁有五位球員獲得背號榮退的禮遇，最耳熟能詳、為世人所知的當屬小瑞普肯（Cal Ripken, Jr.）。

原因無他，畢竟誇張的連續出賽紀錄高聳入雲，後輩難以望其項背，橫亙十六年、兩千六百三十二場比賽，用「不可能的任務」來形容都顯輕描淡寫，勞苦功高但從不居功，而且這一切從來不在他的計畫之中，更從未預期過，小瑞普肯的心態只是平凡簡單的：「如果能夠天天打棒球，那就該珍惜這個機會，不是嗎？」

千里之行，始於足下，還在蹣跚學步之際，小瑞普肯的父親老瑞普肯（Cal Ripken Sr.）就引領著他認識棒球、按部就班打底培養，並且傳授「做好每一件小事，才可能成就大事。」的觀念，對小瑞普肯帶來深遠影響。成長於金鶯所在地的馬里蘭州（Maryland）、父親無論是球員、教練生涯皆與金鶯密不可分，小瑞普肯亦踏上熟悉的道路，高中畢業後被金鶯以第二輪之姿選中（投入選秀那年老瑞普肯已是金鶯教練團其中一員），足見實力及潛力受到賞識，升上大聯盟

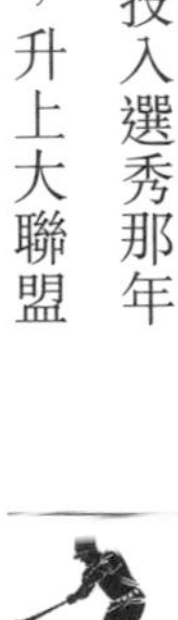

替補球員就是這樣，有機會就要把握，因為打得好不一定還有機會，但打不好一定沒機會。
～擁有十年職棒選手生涯的味全龍教練林宗男

的小瑞普肯用成績證明自己不是「靠爸」，首個完整球季（一九八二年）便敲出二十八發全壘打，季後票選勝過二十三轟、三成打擊率的雙城赫伯克（Kent Hrbek），抱走一生只有一次機會的新人王。

而這只是傳奇悄悄揭開序幕的首部曲，打從一九八二年五月開始，直到一九九八年九月，期間將近六千個日子，美國歷經雷根（Ronald Reagan）、小布希（George Bush）和柯林頓（William Clinton）三任總統，金鶯每一場季賽他無役不與，「全勤」是家常便飯的名詞，日復一日、年復一年，不論球隊連勝或連敗、狀態好或壞，上場名單絕對有小瑞普肯的名字，不動如山，讓人心安，一轉眼，十六個夏天，一座冠軍金盃、兩度勇奪最有價值球員、一次完全打擊等，皆為「鐵人」生涯點綴不少光芒。

一九八三年是小瑞普肯首度征戰季後賽、第一次也是唯一一次闖進世界大賽，對費城人首戰吞敗後四連勝，父子攜手奪冠，至今仍是美談，當時完成最後一個出局數的正是小瑞普肯接殺平飛球，他曾表示：「這是我球員生涯最難忘的瞬間。」封王香檳後的小瑞普肯依舊天天打卡上班，全力處理每一個來球：「世界上最美好的事情就是打棒球，這是很幸運的工作，熱情永在。」「我始終認為打棒球是超酷的職業，老闆付錢讓我們打球，多棒的生活型態！」

大聯盟在一九九四年面臨動盪不安的「罷工賽季」，季後賽因此取消，讓棒球迷的熱情蒙上陰影，但充滿正能量的小瑞普肯帶著他們走向陽光，一九九五年九月六日，他的連續出賽場次來到兩千一百三十一場，超越原紀錄保持人「鐵馬」蓋瑞格（Lou Gehrig），恰巧是在主場達成此一里程碑，在滿滿鶯迷的參與、萬眾關注下，翻轉曾經以為不會被改寫的紀錄，他們目睹「不可能」且在場一齊歡欣鼓舞，小瑞普肯更用「連三場開轟」讓這個夜晚別具意義；一九九六年則在客場對老虎時突破日本職棒衣笠祥雄的連續場數，正式樹立新的世界紀錄，衣笠祥雄也到場見證歷史性的一刻，兩人留下合影。

小瑞普肯視持之以恆上場貢獻為己任，體力、耐力、健康度、熱情、專注都是成功的要件，驅使他前進的動力是意志力：「只要我能打球，我就不會放棄。」他也提到「頑固」是關鍵：「『頑固』通常被當作負面詞彙，不過我認為這個特質對我而言是正向的。」擇善固執，堆疊出珍稀紀錄則是辛勤播種換來的果實，無心插柳卻成就不朽。一九九八年九月二十日，金鶯該季最後一場主場賽事，二十八歲的瑞普肯自願不出賽，讓連續場數劃下休止符，在這場比賽之前他

職棒真的是萬中選一，不管是高中和大學都要自我要求才有機會。
～劉基鴻對味全自辦測試會的看法

連續三戰未能敲安，適時把機會讓給年輕球員，是役先發三壘手是小他十四歲的新秀邁納（Ryan Minor）。「現實面而言，沒有球員能打球打一輩子。」放手比緊握更需要覺悟與勇氣，他有此自覺。

的確沒人能打一輩子，但小瑞普肯的「鐵人之旅」漫長似一輩子，秘訣在於看待球賽的哲學：「我把已打完的比賽拋諸腦後，嘗試專注當下這場。」許多球員休賽季時會稍有放縱，讓體態走樣，得靠春訓階段亡羊補牢，嚴格自律、從不懈怠的小瑞普肯不允許這事發生：「在我生涯初期，我就下定決心絕不讓身材崩壞。」這讓高大的他駐守游擊靈活出色，球涯相對健康。

不必親身經歷那段歲月，也絕對會為之折服，近年來「輪休」漸成趨勢，小瑞普肯的事蹟更顯天方夜譚，但即便無法「後有來者」，他的典範都值得借鏡與學習。退役後的小瑞普肯樂於耕耘基層、廣設球場、提攜後輩，作風低調，二〇二〇年四月挺身捐款抗疫並期望棒球在嚴峻的環境下讓國家回歸常態：「如果我們能夠讓棒球回來，它可以幫助我們回歸常態。」一席話正如他過去一貫的堅持：如果能夠天天打棒球，那就該珍惜這個機會。

（陳志強）

進入職棒後就是一張白紙。

馮勝賢

馮勝賢

一九九九年加入中職兄弟象隊，中職金手套代表球員、第一位球員出身中職秘書長、首位職棒球員獲博士學位。

二〇〇〇年中職新人王，四度金手套獎，八次入選中職明星賽。二〇〇七年退役。

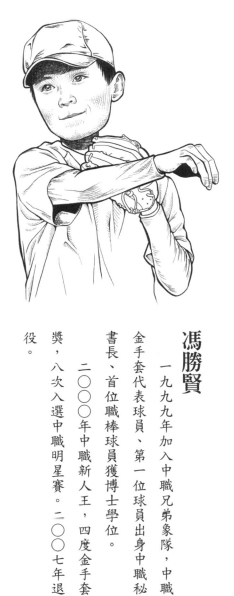

一九九〇年在韓國蠶室球場舉辦的亞洲盃棒球錦標賽，中華成棒隊要爭取奧運資格，面對日本隊派出超級強投松坂大輔，這一場硬戰，台灣派出蔡仲南，上演了一場史詩級的緊張投手戰。雖然面對的是台日兩國的強打者，但兩位強投還是完全封鎖打線，打到了九局下半仍舊一比一平手，中華隊只要再守下一個出局數，就可以把比賽逼進到延長賽，結果就在兩人出局時，日本打出了三壘上方的高飛球，本場臨危授命的三壘手馮勝賢卻漏接了，接下來日本用再見安打，贏得了比賽。

中華隊奧運門票落空，馮勝賢成為了眾矢之的，紛紛把輸球原因怪罪在這個漏接上，看台上甚至連賣國賊都罵了出來，國內的媒體和球迷都是一篇又一篇的指謫，記得當時我還是一個小高中生，看著電視轉播的我，當然同樣氣憤，心裡也想，這位球員應該永遠都站不起來了吧。

但我成為體育記者後，做了一個嚴重的大賽失誤專題，馬上浮現的就是這球，這也是第一次接觸到老邦馮勝賢，帶著小時候的壞印象去訪問，結束後完全改觀，他面對之前的漏接已能侃侃而談，感覺不出太多的陰影，其中最深刻的一段是：「亞錦賽漏接後，真的完全信心喪失，被罵得很淒慘，後來進入職棒也是對自己充滿懷疑，不過當時兄弟象的日籍守備教練榊原良行，給了我一句話：『進來職棒後，就是一張白紙。』我馬上轉念，揮別了過去。」

遇到一些失誤或是挫敗，轉換到另一階段其實就是全新的開始，這段話也真的讓馮勝賢揮別過去的陰影，欣然接受大量訓練，過去兄弟象守備都有榊原流之稱，苦練決勝負，誇張的訓練量全都要吞下，嚴格的日式訓練打下地基，重新再站起來後會更穩定。

當時許多在龍潭訓練的體能紀錄，都是由馮勝賢寫下，辛苦種下的果實也在職棒第一個完整球季有了收穫，他拿下中華職棒二〇〇〇年的新人王，守備功夫已經練成銅牆鐵壁，詮釋了從哪裡跌倒就從哪裡站起來的不變法則。一連在二〇〇二年、二〇〇三年、二〇〇五年、二〇〇六年，奪下中職二壘手金手套獎。

從一個國際賽的關鍵失誤，到後來克服心理陰霾，一張白紙的理論發揮了極大作用。已經發生過的事情，無法改變，轉換後就是一張全新的白紙，可以重新塗上各式各樣的繽紛圖案，也是棒球場上最需要的一環，因為棒球是一個失敗的累積運動，不管打擊或是守備都很難有百分之一百的數字，該怎麼樣忘掉，怎麼樣放下，怎麼樣去彌補，才是最重要和最立即的。

運動員就是要一直去嘗試，才會在球場上留下一些特別的東西。

～演出美技守備、洗刷「排球情人」糗事的高國輝馮勝賢在球員生涯時期，靠著優異和穩固的守備，也成為球隊的最強基石，幫助兄弟象完成了三連霸，最讓人津津樂道的就是當時二代象的黃金守備，更難得可貴的是他退休後，也把這份榊原流精神給傳遞了下去。

雖然漏掉一球，但是用了更多的金手套來彌補。高掛球鞋後老邦改拿教鞭，轉任球隊的守備教練，馬上在二〇一〇年創下了另一個金手套紀錄——該年的內野金手套全部來自兄弟象隊。他自己當然沒有辦法再獲選，不過成功的經驗傳承，讓一壘手彭政閔、二壘手陳江和、三壘手黃仕豪、游擊手王勝偉，中華職棒史上第一次的內野大滿貫，這紀錄很難得，但如果看過他們練球就絕對不會覺得奇怪。

我有幸跟他們一起訓練過，非常的……非常的……恐怖，一天光是基本要接的球數將近千顆，而且都要照著老邦的高標準嚴格動作，有點像是半蹲又有點微蹲。即使想偷懶，只要有一點點角度不同也是不行，大家也完全不會偷工減料，夾雜著叫喊聲音，完全就是棒球版的天堂路。一整天訓練完，也常看到球員腿腳疲憊到無法走路，或許這就是過來人的經驗，因為知道漏球的痛、失誤的疼，所以特別嚴苛。這位教練最清楚，寧可練習時痛苦，也不要後悔的心痛，上了戰場後得到的是球隊贏球、球迷讚賞，還有球季末那座得來不易的獎盃，辛苦的日曬為的是照映金光閃閃的金手套肯定。

每次的轉換角色都是一張全新白紙，挑戰完球場內的工作後，馮勝賢更把棒球藍圖越畫越大，成為了第一位球員出身的中華職棒秘書長。繼續在各個階段轉換，特別在籌組新中華隊的過程，有了球員和教練的歷練，還有國際賽事的體驗，更能顧全大家的心理期待，二〇一九年世界棒球十二強，不管教練還是球員都能籌組到位，最後也協助中華隊打出感動的表現，終於把自己在中華隊缺的那一角，補上了新的顏色。不管是梵谷、畢卡索還是蒙娜麗莎的微笑，他們都是從一張白紙開始的。

（羅國禎）

我不想被捧得太高，因為這樣摔得更痛。
～中華職棒指標球星彭政閔

過去的都過去了，人要往前看。

倪福德

倪福德

藏球動作、投球姿勢奇異的左投手，二〇〇五年選秀首輪之姿加入中信鯨隊，二〇〇八年中華職棒三振王得主，同年的八搶三資格賽和北京奧運都有亮眼演出，因球隊解散而展開旅美生涯，獲底特律老虎青睞，二〇〇九年成為第六位登上大聯盟的台灣選手，二〇一五年重返中職舞台，可惜近年因傷勢影響表現。

千禧年年底的高中棒球聯賽，由兩支南部球隊在冠軍戰交手，雖然黑馬屏東高中以二比四不敵擁有陳鏞基、鄭錡鴻等旅美璞玉在陣的強權「綠色怪物」高苑工商，但仍創下隊史最佳的亞軍紀錄。

那年的屏東高中，挑大梁的投手為潘健綜與倪福德這對「左右護法」，倪福德複賽與準決賽各繳出一場完封勝，率屏中挺進冠軍戰，這些經典戰役皆是校史的輝煌時刻。潘、倪後來都在代訓選秀獲得球團關愛，不過兩人選擇截然不同的道路：潘健綜婉拒熊隊釋出的好意，留在相對穩定的「業餘老字號」台灣電力，倪福德則是決定挑戰職業棒球。

值得一提的是，二〇〇六年代訓總冠軍賽第六戰，第六局登板的倪福德在第八局被黃小偉擊出的強襲球命中重要部位，但還是扛住一分差、硬撐到比賽結束，拿下救援成功，當時許多球員都對倪福德的強大意志力嘆為觀止。不服輸的倪福德，帶著屏中教練林省言掛保證的鬥志與拚勁，二〇〇七年正式開啟中華職棒生涯，從中繼角色起步、季中轉任終結者接著進駐輪值。

暱稱「土地公」的他卻未獲上天庇祐和球運加持，隊友不僅無法提供火力支援，守備更頻頻幫倒忙，讓倪福德數次與勝投擦肩而過，領敗投倒如喝水般稀鬆

人有夢就要去追，沒試過，不知道結果會是怎樣，這一生只留下問號和遺憾。

～陳禹勳提到放棄合庫鐵飯碗挑戰職棒的心情

平常，因此被冠上「悲情王牌」的稱號。然而鏡頭前活潑樂觀的他，從不輕易顯示低迷心情：「雖然有過勝投泡湯的經驗，但退場後我還是會信任隊友。」

二〇〇八年是倪福德至為重要的一年，「八搶二」對加拿大好投、奧運擔當牛棚重任（尤其對韓國、加拿大兩戰，他三天內燃燒一百五十一球，共十局僅失兩分），例行賽雖吞十二場敗投（三場完投敗），卻也成為鯨隊隊史第二位也是最後一位三振王。球季後中信鯨跟隨米迪亞暴龍的腳步、走入歷史。一時之間數十位球員前途未卜，而上帝關了一扇門，也會開啟一扇窗，天無絕人之路，危機就是轉機，憑藉優質身手與國際賽成績，球隊宣告解散反倒「因禍得福」，一直都有球探關注的倪福德得以被美職球隊相中、踏上旅美的追夢之旅。

飄洋過海，獲邀春訓的倪福德試圖突破自我，罕見詭異的出手姿勢被美國媒體封為「台灣岡島」，足見矚目程度。開季從二A出發，可圈可點的成績讓他在六月下旬老虎出現傷兵之際獲青睞，於對壘運動家的比賽接替另一名新人波賽羅（Rick Porcello）登板，首度站上大聯盟投手丘，就讓重砲吉昂比（Jason Giambi）揮棒落空三振，最終面對六名打者飆三K，雖挨一發陽春全壘打但瑕不掩瑜。

「吉昂比是誰啊？其實我不認識他，能三振是運氣好啦，球都偏高。」「沒有給台灣人漏氣，蠻開心的。」「其實就盡量平常心。」賽後記者會，倪福德略為緊張的青澀話語、甚至還透露自己的興趣是組裝鋼彈模型，令底特律媒體大開眼界。成為陳金鋒、曹錦輝、王建民、郭泓志及胡金龍後第六位登上大聯盟的台灣球員、更舉足輕重的意義是第一位出身中華職棒的選手，初生之犢不畏虎，「天不怕地不怕」的傻勁，讓倪福德菜鳥球季一度連續十三場無失分、留下二．六一的防禦率以及三次中繼成功。

「棒球本來就是我很喜歡的運動，所以我會用開心的態度面對它。」雖然二○一○年修正投球動作的倪福德控球嚴重失準，使成績一落千丈，隨後傷勢又找上門、自此都在小聯盟載浮載沉，但如同他說的：「赴美就是想試試看自己能力到達哪裡，無所謂後不後悔。」

我在二○一五年曾與倪福德對談閒聊幾句，問及：「現在還會與當初在國外結識的前隊友們保持聯繫嗎？」他是這麼回應的：「人生是一站一站的旅程，每個階段有不同的旅伴，過去的都過去了，人要往前看。」

旅美第二年的春訓，倪福德接受採訪時表示：「不會因為我站到現在這個地

不要以為自己在台灣很厲害，只要飛出台灣，世界是很不一樣。
～陳金鋒談旅美收穫

步，我就覺得我滿足了，因為每一年、每一年不一樣，所以我要挑戰每一年、每一年，這樣會比較好，因為明年會發生什麼事，沒人會知道，那我先挑戰這一年，明年再來，我就把自己歸零，重新再挑戰。」對他來說，方向只有一個，就是往前。

路走著走著時而遍布荊棘、時而崎嶇顛簸，始終秉持熱情初衷，不輕言放棄。倪福德的生涯充滿戲劇性，在那個球迷對於勝敗投的觀念還很看重（相對現今）的年代，因緣際會從中職「敗投王」搖身一變躍進到大聯盟牛棚一角，而後當上「浪人」流轉澳洲職棒、獨立聯盟，繞了一大圈再回到台灣，經過義大、富邦，如今當時效力中信鯨的他被中信兄弟網羅，或許一切乍看之下是回到原點，但在倪福德心中，想必是堅守一貫的信念——對過去並不留戀，僅專注於往前看吧！

（陳志強）

死過才會知道自己的極限。

一色優

一色優

來自日本大阪的一色優，職棒體能教練的生涯卻是在中華職棒。一九九七年進入中華職棒，前五年在中信鯨隊。後面十六年則是在統一獅隊，總共二十一個年頭奉獻給台灣的棒球。

二〇一三年世界棒球經典賽資格賽中華成棒代表隊體能教練。二〇一八年季末離開球隊赴美創業。

走進台南市統一獅棒球場，不需要視線搜尋，其實只要兩種聲音，就可以找到一色優教練，一種是帶著外國口音的日式國語：「開始做操了ㄋㄟ」、「辛苦了ㄋㄟ」、「很棒ㄋㄟ」。另外一個則是更大聲響．咻……咻咻……咻咻咻的機器運轉聲。那個年代都是老式傳統吸塵器，超級有潔癖的一色優，出沒在重量訓練室，不是在指導，就是在吸地板。

一色優身為球隊體能教練，總是不希望重訓室裡有任何髒亂和灰塵，或許是因為他掌管的是球員每天最痛苦的兩站「體能訓練」和「重量訓練」，至少鍛鍊筋骨的同時，有個乾淨的房間，多多少少也轉移一下心情，這也是一色優深受大家推崇的原因。一色優的日文發音是Masaru Isshiki，所以大家都簡稱MaSa或是Isshiki，超過一半以上的歲數都在台灣度過，早已精通國語，不過他最大的語言武器，卻是他的日式國語，遠道而來的大阪腔調和鄉音，穿梭在各種痛苦指數破表的體能訓練上，有時比冰敷或是馬殺雞還來得有效。

他不同於台灣教練的口音和文法，讓聽到指令後的球員如我們，也喜歡跟著複誦一遍，「役備，夠」、「一…二…傘，澤反跑」、「最後一趟ㄋㄟ」、站個「豪位紫」，歡樂的笑聲輕鬆沖淡了疲憊和乳酸的大量堆積，這在職棒的十八項戰技磨練場上是非常不容易的。不光是日式國語，MaSa也創造出獨特的台日訓練風格。

訓練上一色優兼具台日，但在觀念上，他還有第三式，就是America，美式風味，本身擁有深厚的運動科學底子和知識，這位來自日本的大男孩，一反大家對於日本野球嚴苛、嚴肅、一絲不苟、不能改動作的既定印象。問他壽司，他可以給你沙西米的刺激，問他漢堡，他也可以端出雙層牛肉起司堡加蛋的滿滿收穫。在某一年的春訓，團體訓練結束後人都走光了，我剛好留下來自主重量訓練，咻……咻咻……咻咻咻的聲音，完全蓋過槓鈴的撞擊，MaSa又扛著機器，做最後的收拾吸塵，因為只剩下兩個人，才比較好意思跟他請教問題，畢竟我可是標準的台式內斂。

我問：「MaSa，我想問你要怎麼可以把離壘距離拉大，因為我最近看日本的本多雄一，離壘距離都超遠的，我也想像他一樣。」此時重訓室依舊充斥的咻咻聲，慢慢安靜了下來，MaSa轉過頭回：「那你有沒有被牽制出局過？」當下我當然很得意的說：「沒有，從來沒有。」MaSa：「這樣不好ㄋㄟ。」對於一直想把跑壘當作強項的我帶點疑惑和一點點小生氣，馬上再追加一句：

套一句一色優教練的話，看得到的東西大家都知道，在場上有一些不自覺的東西，你要設法去發現。如果叫我重來一次，我可能也沒辦法這樣配球。

～富邦悍將林岱安於 2020 年奪冠後被問到配球成功

「MaSa，我連盜壘都沒有死過，去年一次都沒有出局過。」咻咻的運轉聲又慢慢趨緩下來，又轉過來說：「這樣還是不好ㄋㄟ。」然後他又轉回去吸地（我心裡的OS是：「三小啦！什麼不好ㄋㄟ，我明明很超強ㄋㄟ，全部都Safe」。）聽到我都想去按他吸塵器的關閉鍵，最後咻咻聲終於停了下來。一色優說：「這樣真的不好ㄋㄟ，因為如果你都沒有死過，你要怎麼知道你的極限在哪裡，你當然就不會知道到底可以離壘多遠。」

隔年我當然就來好好貫徹這「該死」的理念，應該有被牽制出局兩次吧。雙腳離開跟壘包多年建立起的舒適距離，在投手即將轉投過來時，伸手撲回，穿越紅土飛揚之際更能感受到那零點零幾秒的微小瞬間：要更注意投手的轉身了、要更專注一壘手的一舉一動了、要更注意捕手的暗號了，這些都是原本舒適圈裡面沒有的東西。或許這就是一色優帶有一點點棒球哲學的理念，跨出那個小圈圈，才能真正的了解自己，還有更了解對手。

不敷衍不直接否定你的問題，這就是MaSa的美式野球，鼓勵型的回饋，不只是個飛球，還能從中找出你的優點。後來我又再問：「MaSa我這樣打擊，會倒棒怎麼辦？」他回：「倒棒沒有關係ㄋㄟ，還是很好ㄋㄟ，這個階段倒棒可以

ㄋㄟ，揮棒速度出來就好。」這也難怪在球隊裡不管年輕人還是明星老將，三不五時都會帶著五湖四海、千奇百怪的題目，來請教這位日本籍的美式教練。

我結束球員生涯的第一年後飛到大聯盟春訓基地，逛了一圈後發現，大聯盟跟一色優的訓練菜單，幾乎雷同。原來他早已把這些給融會貫通了，所以如果要找個詞來形容Isshiki，我覺得他就是對棒球「著迷」了。

二〇一九年二月二十三日，回到記者身分的我，特別來到台南球場，因為今天是一色優教練離別會，球團特別辦歡送會以及邀請他開球。在告別的時刻，他又切換回日本模式，因為今天先發的是潘威倫，一色優不想弄亂投手丘，先做了一個漏接動作，把球滾到旁邊。就站到投手丘旁的內野草地上開球，將球投給當捕手的高國慶。直到最後一刻，他還是保持尊重球場和球賽禮儀的專業風格。

離開後的MaSa選擇到另一岸美國創業賣拉麵，但現今只要走進台南市棒球場，兩種熟悉的聲音依舊迴盪在老建築裡，後來陸續接任的體能教練，也渾然天成般的繼續著MaSa口音的體能指令和動作，擴大後的重量室也是盡量一塵不染。雖然隔著廣大的太平洋，不管是什麼工作都一定會有個年限，球員有既定的選手生涯，教練也會有個期限。不過留下來的棒球精神，卻是永遠無極限。

（羅國禎）

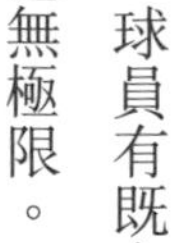

每個運動項目都有瓶頸，你想要突破，不是一直埋頭苦練，還必須加上運動科學輔助，才有機會。

～崇尚運動科學分析技術的高國慶

棒子會放下，而笑容會留下。

史塔傑爾（Willie Stargell）

史塔傑爾

外號「Pops」，生涯二十一個年頭皆效力海盜隊，長程砲火驚人，是隊史最具有代表性的球員之一，擁有兩枚世界大賽冠軍戒，一九七九年更囊括球季最有價值球員、國聯冠軍戰MVP、世界大賽MVP，生涯累積四七五發全壘打，一九八八年甫具票選資格就進入名人堂。

儘管匹茲堡海盜近年戰績不振，但在一九六〇、一九七〇年代期間是大聯盟強權，陣容包括高打擊率的長槍克萊門提（Roberto Clemente）和砲手史塔傑爾（Willie Stargell），雙雙為球隊建立無數汗馬功勞，相較於克萊門提戲劇化的人生（一九七二年底，為了幫助尼加拉瓜地震難民，不幸遭遇空難身亡，此後表彰回饋社會的獎項便以他之名為紀念），史塔傑爾知名度略遜一籌，卻也有著不平凡的故事。

史塔傑爾不但承接克萊門提留下的火炬，帶領海盜再創隊史巔峰，不少膾炙人口的名言亦出於他的金口，好比「棒子會放下，而笑容會留下。」

棒球場廝殺的雙方往往劍拔弩張，嚴肅以對，為了分數拚搏、爭得你死我活，但比賽結束、彼此鞠躬致意後，褪下球衣的球員也都只是同等的平凡人，需要面對柴米油鹽醬醋茶，他始終認為，球員置身場上時，該一邊用盡全力、一邊好好享受每分每秒：「你只有少少的幾年能打球，畢竟遲早有一天會力不從心。」

一九四〇年，史塔傑爾誕生於奧克拉荷馬州，因父母離異而輾轉搬到佛州、加州，自小接觸棒球的他，高中畢業憑藉高大身材和認真態度獲海盜賞賜，較長

笑出來，氣勢才會回來。

～陳鏞基在 2020 年台灣大賽鼓舞隊友

的臂展與揮棒姿勢讓球棒的延伸做得更好，一九六四年、第二個完整球季就締造完全打擊成就且入選明星賽，自此成為球隊不可或缺的主力。生涯有十五季敲二十轟以上，火力輸出高效穩定。

那些年代，還沒有精確的科技數據記載，但舊的海盜球場富比世球場（Forbes Field）使用六十二年，只有十八球被轟到場外的街道，其中七球就是史塔傑爾的傑作，要知道他甚至只在這兒打了不到九個賽季。一九七一年，是海盜新球場（三河球場，Three Rivers Stadium）的首個完整球季，身手已臻成熟的史塔傑爾以四十八轟榮膺全壘打王，雖然季後賽熄火，但靠著克萊門提世界大賽場場敲安，海盜血戰七場擊敗金鶯奪冠。「我熱愛九月，特別是我們身處其中時（處於競爭行列）。」

一九七八年，海盜到八月中旬還落後費城人超過十場勝差，史塔傑爾開始實施「神秘計畫」，在美技或好比賽後於自己和隊友的球帽繡上「S星星」（有S字母在中間的黃色星星，Stargell Stars），到了季末竟有望扳平戰績，儘管最後功虧一簣，但史塔傑爾大膽預言：「海盜明年會奪冠。」而他說到做到，一九七九年海盜例行賽倒吃甘蔗，國聯冠軍戰先橫掃紅人，再面對金鶯，決戰交戰組合相同，但景物依舊，人事已非，克萊門提天人永隔，三十九歲的史塔傑爾扛起攻堅重任，一勝三敗劣勢下逆境三連勝，國聯冠軍戰三戰兩轟、世界大賽七戰三轟、七打點，兩個系列戰都獲最有價值球員，史上第一人，不僅如此，史塔傑爾該年球季也和紅雀打擊王赫南德茲（Keith Hernandez）並列國聯MVP。

那些年頭，「We Are Family」的口號、「S星星」的標語遍布海盜主場，凝聚力喊水會結凍。海盜隊友歐利佛（Al Oliver）曾說：「如果史塔傑爾叫我們跳河，我們會問他『想要什麼潛姿？』我們就是這樣尊敬他。」有著十九年帶兵經驗包括率海盜奪冠的總教練坦納（Chuck Tanner）盛讚：「擁有史塔傑爾在陣中，就像是鑽戒在你手指上一樣。」名人堂投手蘇頓（Don Sutton）亦以「他不只是打投手安打而已，還一併帶走他們的尊嚴。」表達佩服之情。

除了球場上的成就斐然，史塔傑爾還善於使用妙喻讓人們理解打者的心情及感受：「要打中柯法克斯（Sandy Koufax）的球，就像是用叉子去喝咖啡同樣困難！」現在回首依舊令人拍案叫絕。

二〇〇一年史塔傑爾因腎臟疾病及中風辭世，另一位名人堂球員摩根（Joe Morgan）如此緬懷：「我們同期打球時，大約一共有六百位球員，除了他本人

打球不是打你後面那三個字，是打你胸口前面那兩個字。
～「內野魔術師」黃忠義

以外的其他五百九十九位球員都喜愛他，史塔傑爾是唯一我認為值得這待遇的人，他從不會讓別人看起來次人一等，也不會說其他人的壞話。」史塔傑爾小聯盟時期遭遇過種族歧視，但和隊友的相處總是坦誠相待，「生命的意義就是去幫助他人。」

一代強打者的「棒子會放下，而笑容會留下」套用在人生，也是餘韻無窮的一句話。

把握當下吧！史塔傑爾相信棒球是用來「享受」的，而不是「工作」：「棒球應該是有趣的，你看『比賽開始』是說『Play Ball』，而不是『Work Ball』。」這是他留給後人的最寶貴禮物。每隊球迷心中都有屬於他們無可取代的「神」，史塔傑爾對海盜球迷而言就是如此神聖的存在，兼具勝利、領導力、專注、哲理於一身。他過世的前兩天正好是海盜新球場（PNC Park）裡他的雕像掀開帷幕之日，此後它靜靜豎立著，美好精神永垂不朽。

（陳志強）

最幸福的一餐。

中道中學棒球隊

中道中學棒球隊

成立於二〇〇〇年，是宜蘭縣唯一科班高中棒球隊、孕育出多位職棒好手。二〇〇九年首次打入高中棒球聯賽（木棒組）四強，因招生困難、經費不足，於二〇一九年轉型為棒球社團。

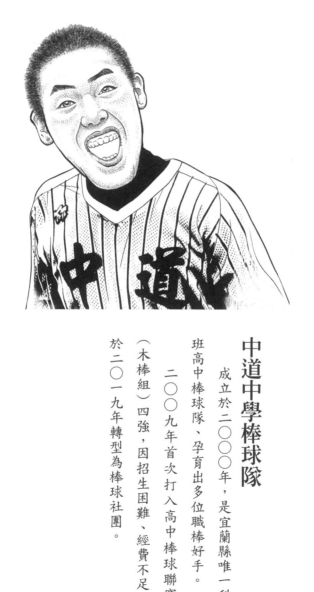

宜蘭縣中道中學棒球隊是在二〇〇〇年正式誕生，成立的時間雖然比較晚，卻快速地成為高中木棒強隊，創下許多輝煌成績，在競爭最激烈的高中木棒聯賽，二〇〇九年更衝上第四名，接下來大部分也都能維持著八強的水準。

中道中學也培育出多位職棒好手，像是早期的陳煥揚、鄧志偉和林晨樺，近期還有王尉永、林明杰和戴云真，不僅是國手和職棒搖籃，更重要的，還是當時宜蘭縣唯一的專科棒球學校，讓這些宜蘭小朋友，都有一個明確的目標可追尋。惜因近幾年，球隊的資源減少以及人才外流的狀況下，二〇一八年學校決議停止招收棒球專長，也等於球隊面臨解散危機。

這一聲指令下，馬上遇到的困境就是，不會再有新球員入隊，該屆的棒球隊，只會剩十一位的三年級學長和七位的二年級學弟，十八條好漢要來拚整年比賽，小朋友當然也想拚命把成績打好，看有沒有轉圜的餘地，就連畢業的職棒大學長也紛紛發起援助活動，希望母校球隊可以延續下去，很可惜希望最終還是隨著時間一起逝去，很快到了下學期的五月，也就是畢業季節到來了。

此時中道棒球隊只剩下最後一個比賽，就是國手選拔賽的玉山盃，因為之後學長都會畢業，剩下二年級七位球員將無法湊成球隊，所以這確定就是中道棒球隊的最後一個盃賽，也是最後一次代表宜蘭縣出征，而這次預賽剛好就在鄰近的羅東棒球場。

不過籤運稍微有點差，第一場抽到的對手，就是青棒強權穀保家商為主體的新北市隊。五月二十日第一場比賽，中道小朋友也絕對不想提早被解散，非常有韌性地在前半段把比分給咬住。只是戰力上還是有段差距，結果後面守不住，在第七局以零比十，被提前結束比賽，由於玉山盃是採取雙敗淘汰的制度，即使輸掉了一場，也還有機會，但也代表，中道只要再輸一場就要走進歷史了，下一場比賽將是五月二十二日和雲林縣交手。

中間有一天休兵日，小朋友沒有閒著，當然是把握機會做最後衝刺，我也跟著他們到學校裡，第一次走進去，可以感受到國際化的規模和設備，其實中道算私立名校，經過教室外也隱約可聽到，大部分都是英語教學，至於棒球隊則是要繞過整個教室大樓，走到學校最裡面，最角落的地方。

在這裡總算聽到熟悉的聲響，高中生的熱情叫喊，還有木棒撞擊的聲音，跟剛經過的教室，呈現滿有趣的對比。教練黃郁倫算是老朋友了，他無奈的表示應該是定局了，所以小朋友也知道，這個比賽打完球隊就要解散了。儘管瀰漫在這

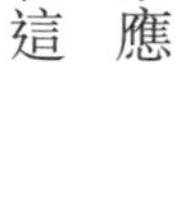

天天做一樣的事情不會無聊嗎？對我來說，心境決定一切。
～張育成參與春訓練球有感而發

股低氣壓下，球員還是非常勤奮的練習，從他們炯炯有神的表情看起來，還是期待會有奇蹟發生，每一次揮棒、每一次投球、都當作最後一次，三年級的再一個月就要進到另一個階段，二年級七位學弟則是有點找不到方向，明年還不知會何去何從，在這個小小角落大家都有各自的憂愁吧？

但這塊小小園地算是應有盡有，簡易的牛棚兼打擊場旁邊就是宿舍，房外還有一個鐵皮屋休息區，堆滿了一些淘汰的桌椅還有沙發，小朋友布置一下也成了一個小小飯堂，練習結束後，聽著他們一起講這些年的當年勇，非常有青春氣息。

那時念高三的偕雨豪，高高壯壯的捕手，聊到過往幾場怎麼和投手撐完全場，有些投手跟著附和，有些野手卻接著吐槽，一來一往的較勁完全不間斷，再加上他的大噸位，一講到激動，就會聽到他屁股下的沙發，冒出撕裂聲，馬上就引起大家歡樂的笑聲。這些當年勇，搭配著旁邊曬著一排的條紋球衣和整齊的頭盔，以及一整排的獎座，這二十年來的回憶和記憶，絕對在台灣高中棒球史有著重要的份量。

聊著聊著也到了晚餐時間，我跟著兩個值日生去領營養晚餐，取餐處在校門口附近，我們又要再穿過整座學校，感覺有點像是奉俊昊的電影《末日列車》一樣，一路走到火車頭後再回到火車尾。菜色其實滿不錯的，大家就拿著自己的碗，排隊在宿舍的門口，領完菜飯後，坐回剛剛聊天的位置開始吃起來，今天練了一整個下午，胃口非常不錯，吃得簌簌叫，我看到二年級的司林凡，也真的是餓了，速度快到已經在喝湯，一臉滿足的模樣。

我走過去問他：「好吃嗎？」他說：「好吃。」（其實我本來想鬧一下他，沒想到他下一句讓我嚇到。）「這是最幸福的一餐。」「為什麼？」「因為明年吃飯，就剩下我們七個了啊！」

結果還沒有到明年，隔天就是最後一場比賽了，宜蘭縣的中道，拚盡全力，還是被雲林縣代表隊給逆轉了，一比三輸球，不只是結束了棒球的夏天，連棒球隊的今天和明天也都跟著說再見了，大家難過的告別羅東棒球場，賽後看著隊長把隊旗捲起收了起來。未來不知道還有沒有再張開的一天。

夏天過後，升上高三的剩下七位同學，也沒有再用學校的名義出賽，中道棒球隊正式走入歷史。雖然有些惋惜和無奈，但……至少有過那前一晚最幸福一餐。一切回到了最初，其實就是這麼簡簡單單。小朋友永遠不清楚大人的世界，

從小朋友身上，我看到棒球最吸引人的地方，絕對不能讓這些難以形容的東西結束，一個人的力量或許很小，但我相信，絕對不會只有我一個人這麼想。
～桃猿資深外野手「詹帥」詹智堯

大人也常常忘了小時候的最初願望，不一定是拿冠軍或是考試得第一名，而只是擠在鐵皮屋簷下，坐著淘汰的教室桌椅，或是會發出怪聲音的沙發上，捧著自己的大碗，裝完了飯又裝了菜，最後又換成了湯，大伙圍在一起，一邊聊著今天教室內的趣事，一邊討論著今天練習的缺失，一邊吃著，一邊喝著，一邊笑著。

（羅國禎）

為什麼我要做你孩子的榜樣？你才該是你自己小孩的榜樣。

吉布森（Bob Gibson）

吉布森

紅雀隊史最赫赫有名的強投，憑藉滑球克敵致勝，活躍於一九六〇年代，一九六八年防禦率僅一．一二，堪稱史上最具宰制力的單季表現之一，擁有兩座賽揚獎、兩枚冠軍戒指、九度明星賽、九次金手套等榮譽，儼然魔王般存在，一九八一年首度獲票選資格便入黿名人堂，二〇二〇年因胰腺癌病逝。

生死有命，人來人往，地球上超過七十億人口，其實每一天都是很多人的生日，同樣是很多人的忌日，再也正常不過，所以偶爾會有網友這樣留言：「年紀到了，老人離世本來就很稀鬆平常，何必哀哀叫『二〇二〇』。」話雖如此，但二〇二〇年畢竟對於體育迷而言是嘗遍心酸痛苦的一年：年初的籃壇巨星布萊恩（Kobe Bryant）意外驟逝，棒球領域也有諸多名人堂傳奇離開人世，包括蝴蝶球翹楚尼可羅（Phil Niekro）、布拉克（Lou Brock）、福特（Whitey Ford）、卡萊恩（Al Kaline）、席佛（Tom Seaver）、吉布森（Bob Gibson）和摩根（Joe Morgan），每則訃聞都令人心頭為之一震，湧起無窮感傷與無盡感觸，共七位古柏鎮聖殿的選手在網友口中的「惡靈惡靈」向球迷告別，更是歷年來最多的一次。

前述球星們之所以偉大，原因之一是「不可或缺的代表性」，正如席佛之於大都會隊、卡萊恩之於老虎隊，吉布森之於紅雀隊的份量亦然，是唯一中的唯一，隊史洪流佔據舉足輕重的地位，十七年大聯盟生涯都待在紅雀，更是至高無上的象徵，吉布森過世消息傳出當天，正巧是二〇二〇年季後賽紅雀遭到教士淘汰出局的日子，陣中鐵捕莫里納（Yadier Molina）賽後情緒潰堤：「這場比賽不過就是一場球賽，輸球沒什麼，但當你失去吉普森這號人物，這實在很讓人難過。」

「火爆強投」吉普森響叮噹的霸氣語錄不知凡幾，最讓我印象深刻的是：「為什麼我要做你孩子的榜樣？你才該是你自己小孩的榜樣。」物換星移，這句話到現在依然有醒世效果、不斷提醒天下所有為人父母。

締造過無安打比賽、生涯兩百五十一勝、三千次三振俱樂部、許多至今還未被改寫的紀錄（包括連續二十六場優質先發、連續七十八場至少投滿六局等），都是吉普森的耀眼榮譽，一九六八年幻化為怪物，演出「驚天地、泣鬼神」的表現，使得大聯盟決定調整投手丘高度（從十五英吋降低至十英吋），被稱作「吉普森條款」（Gibson rules），也就是說，你我現在欣賞著的棒球樣貌，與吉普森脫不了關係，他扮演不同時代的分野。

幼時體弱多病，曾被氣喘、軟骨症、肺炎困擾的吉普森，憑藉努力及意志，站上夢想中的最高舞台，並武裝自己、強化身心靈，生涯三度出征世界大賽（共九場先發，八場完投，包括一場十局完投勝、兩場九局完封），一九六八年對老虎單場十七次三振仍無人能破。

棒球不是沒有誰不能打，是沒有人才不能打。
～LaNew熊靈魂人物劉保佑

除了洋洋灑灑的傲人成就，吉普森受人尊敬的還有熱血態度與仗義直言，在那個美國瀰漫種族隔離風氣、黑人和白人涇渭分明的年代，一九六一年休季期間，他便與懷特（Bill White）等人參與反種族隔離遊行，提倡黑人應該有與白人運動員住同間飯店的權益，種種挺身而出不單為了自己與同胞身上的黝黑膚色，也為了自己所相信的「良善」：「世界若充滿仇恨與偏見，我發現我也會被同化、淪陷其中。」不久後紅雀隊成為聯盟第一個結束種族隔離方針的球隊，甚至比詹森（Lyndon B. Johnson）總統簽署民權法的時間點還早，可謂站在改革的浪潮前端。

吉普森對勝負的執著比誰都還旺盛，脾氣性子堪比「憤怒鳥」，令對手寒毛直豎，名教頭托瑞（Joe Torre）對此下過註解：「與其說吉普森態度不友善，還不如形容他是帶著滿腔忿恨將球狠狠投出。」儘管近身球為其招牌，但吉普森不認為本身是會被怒氣牽著鼻子走的人：「生氣無濟於事，我站上投手丘就只是希望贏球。假如你要把我當作熱愛抓狂的傢伙，那是你的問題。」

而吉普森對於「球場上的工作」與「外界眼光」也有獨到看法：「我才不虧欠社會大眾什麼，唯一欠他們的只有精彩的投球表現。」毫無疑問，運動員是公眾人物（近年來網路社群發達，此現象益發明顯），有其影響力，但外界常對公眾人物「扣帽子」，乃至無限上綱式強加要求、一廂情願賦予責任，看到不妥行為便指摘：「這樣我怎麼教小孩？」全然忽略教養的成果相較於「偶像崇拜」，應更著重在「家庭教育」，責任感、團隊合作等能力，都是從小培養的，父母自當發揮功能，言教身教、適時引導。吉普森退役後曾被交付「態度教練」的任務（史上首度出現這個職位名稱），可見吉普森對待棒球的正向積極態度的確值得當作借鏡楷模、供後輩學習，但「典範」的存在不表示父母能在孩子人格形塑的關鍵期置身事外。「你才該是你自己小孩的榜樣。」擲地有聲，縱使吉普森已不在人世，精神仍長存。

經典電影《少年Pi的奇幻漂流》說：「人生就是不斷的放下，但最感傷的是，沒能好好說再見。」告別是每個人在生命旅程中必定會面對的必修課，重要他人的離去只是早晚罷了，命運巨輪下無從迴避，隨著歲月推移，未來會有更多球迷熟稔的名字「淡出」，但若能認真過好每一天、對得起自己甚至成為兒女追隨的榜樣，便不愧此生。

（陳志強）

他是棒球的修行者，不是凡人能達到。
～曾文誠評論鈴木一朗

別將棒球與日常視為理所當然。

鈴木一朗

鈴木一朗

當代最偉大的棒球之神，坐擁滿滿紀錄，包含前無古人，後無來者的「連續十年單季兩百安的壯舉」，美日通算累積四千三百六十七支安打，雖然始終與世界大賽無緣，但兩度為日本拿下經典賽冠軍，是日本人心中無可取代的民族英雄，二〇一九年季初在東京巨蛋宣布退休，時年四十五歲。

「有時候，有時候，我會相信一切有盡頭。」

二〇一九年，運動家和水手移師海外開幕戰，東京巨蛋喧鬧無比，空氣中的離愁亦濃烈得化不開，滿場球迷吶喊聲中，系列戰最矚目主角、傳奇鈴木一朗從右外野往三壘側的休息室緩步移動，種種記憶浮上心頭，濃縮了日職出身、旅美揚威的所有吉光片羽，攻守英姿經典雋永。

站上打擊區深邃認真的眼神、優雅的揮棒弧度宛若藝術家、於外野青青草地振臂精準長傳、壘間奔馳的閃電身影⋯終究成為歷史的扉頁，不再是現在進行式。鈴木一朗和列隊的隊友、教練們相擁道別，劃下二十八年球員生涯的句點，脫帽環顧致意時，幾近童山濯濯的滄桑模樣更代表著歲月的無情痕跡。一朗在記者會展現出鐵漢柔情：「決定退休，不會後悔。我不敢說我比別人更努力，只能說我盡力了。」

日月如梭，又過了一個年頭，球壇準備迎接近二十年來第一次沒有鈴木一朗的開季，卻因疫情影響面臨嚴峻考驗，轉換身分為球團特助的鈴木一朗，在春訓取消後接受日本媒體採訪時感慨道：「在美國，棒球是件理所當然的事，球迷們總是引頸期盼棒球季的到來，但我們卻一夕之間就失去了曾經視為理所當然的東

你無法擊倒一個永不放棄的人。

～「棒球之神」貝比魯斯（Babe Ruth）

西。」言談間流露出無奈與惋惜。

棒球對於美國文化有多重要？貝比魯斯（Babe Ruth）的「一年只有兩季，棒球季與冬季。」恰如其分地詮釋。即便是一戰及二戰的烽火連天，球季都沒有受波及到取消，更顯得疫情至關重大，充滿未知數。

鈴木一朗也針對劇變分享心得：「別將棒球與日常視為理所當然。」「許多我們認為理所當然的事物，並不是這麼天經地義。這不只適用在棒球員身上，也適用於所有人。」

世事難料，沒人知道「明天」和「意外」誰會先敲門。鈴木一朗的棒球生涯歷經過大風大浪，一九九五年經歷阪神大地震、一九九九年來台灣參加九二一義賽、赴美首季又碰上九一一恐怖攻擊，二〇一一年日本強震導致海嘯及核電輻射事故，鈴木一朗當時捐款一億日圓協助災後重建……相信在他眼裡，根本沒有什麼能「永遠」。球場上沒有永遠的贏家和輸家，甚至沒有「永遠都有球賽打」，沒有棒球的春天，不是春天，畢竟它象徵新生與希望，少了它的存在，一片死寂、了無生氣。鈴木一朗的故鄉也是疫情重災區，東京奧運被迫延期，許多人的工作與生活產生巨大轉變衝擊，頓失重心寄託與慰藉的球迷們，或許能從鈴木一朗的故事再度獲得些許啟發與動力。

眾所周知，鈴木一朗被棒球迷冠以「朗神」的封號尊敬，還出現許多誇張化的「神蹟」、「傳說」，皆是茶餘飯後的樂趣，的確根據他累積的傲人數據及成就，享有「封神」待遇實至名歸，但他能有如此傑出的演出，得歸功於他的自律和勤奮，他曾說過：「如果大家認為不努力也有成就的人是天才，那我不是天才；如果努力之後完成一些事的人被稱為天才，我想我是天才。」「天才」這稱呼太過沉重，鈴木一朗希望世人能明白，唯有持續不懈的努力，才是造就不凡的不二法門，「我這一生做過許多妥協，也敗給自己無數次，但就棒球這件事來說，我不曾有過這種情形。」

此外，謙遜、不自滿、強烈求進步更是鈴木一朗的態度：「無論締造過多少紀錄，仍然不覺得自己夠強，我只看到自己的弱點。」回顧鈴木一朗璀璨炫目的生涯，一點僥倖成份都沒有。他兢兢業業保持體態、在年屆四十還能維持突出的速度，仰賴的就是苦練及對作息的自我要求，十足「武士道精神」。但人非鐵打之軀，儘管一度豪情壯志透露想打到五十歲，礙於體能條件退化的現實面，只得在引退記者會自嘲：「這下食言而肥了。」

記者常常忘了球員也是人。

～海盜傳奇球星史塔傑爾（Willie Stargell）

二〇一四年，我曾在部落格撰寫一篇名為〈老兵不死、亦不凋零——鈴木一朗〉的文章，說穿了也是「偶像情結」的自欺欺人，到底哪有什麼是不會凋零的呢？那些我們以為的「日常」，終有一天會離去，亙古不變的只有「無常」。一個個從童年看到大的球星接連褪下戰袍、離開球場，英雄會老也會遲暮，時間一逕走著，淘洗出什麼也帶走了點什麼。太習以為常，於是流於心不在焉、不懂把握每分每秒，直到擦肩而過才悔不當初。

直至二〇二〇年六月書寫此文的此時此刻，絕大多數人都還不敢肯定「今年大聯盟球季一定能開打」，懷著焦慮不安的惴惴心情，試著深呼吸平復，於此同時，我又想起鈴木一朗。正是日常與無常交錯，構成、形塑了生命點滴。

「相聚離開都有時候，沒有甚麼會永垂不朽。」

（陳志強）

後記：今天是二〇二一年六月七日，台灣甫宣布三級警戒延長，看著完成於去年大聯盟無限期停賽期間的文，當時心情風水輪流轉，變成中職球迷們經歷體會，更加感慨萬千。

站在棒球觀點，退賽是艱難的決定，
但從家庭角度出發，這就很簡單了。

波西（Buster Posey）

波西

舊金山巨人二〇〇八年選秀首輪第五順位，駐守本壘大關，攻守俱佳，第一個完整球季便拿下新人王和冠軍戒指，二〇一二年傷癒復出斬獲打擊王、東山再起、國聯最有價值球員等獎項，創造許多屬於捕手的可貴紀錄，是巨人五年三冠「非典型王朝」要角，近年來因傷勢影響表現下滑，但仍是球迷印象深刻的面孔。

由於疫情蔓延，二〇二〇年幾乎全世界所有人都遇到前所未有、天翻地覆的重大改變，對於棒球迷、棒球選手亦不例外。

當美國陷入充滿不確定性的危急之秋，許多球員紛紛宣布退出不知道會不會運轉開打的球季，包括長青樹席默曼（Ryan Zimmerman）、羅斯兄弟（Tyson Ross、Joe Ross）、李克（Mike Leake）、普萊斯（David Price）、赫南德茲（Felix Hernandez）接連表態，原因不外乎健康因素考量，席默曼為了家中的長輩、幼子著想，擔心投入比賽會讓周遭親友風險增加：「我感謝球團的同理及支持。」

此情此景，無數共鳴，如同鐵捕波西的退賽聲明：「站在棒球觀點，退賽是艱難的決定，但從家庭角度出發，這就很簡單了。」

囿於觀眾本身看待比賽的視角限制，通常較聚焦在球員們場上衝刺奮戰的身影、對勝負的執著，但離開球場、卸下「球員」此一身分，他們亦是有血有淚、心心相印的平凡人，立業成家，自然有家庭的「甜蜜負擔」，有喜怒哀樂要去面對，或是有痛苦煩惱無法入睡，一旦忽略這點，便會對家暴事件、酒駕感到意外及失望，其實球員們需要做抉擇的猶疑煎熬時刻、生命中遇到的難關曲折情緒起伏，並不會比你我少。

波西退賽是因為他與妻子甫收養一對早產的雙胞胎女娃，為了她們的健康，置個人成績與薪水於度外，即便春訓打擊率超過四成、狀態調整甚佳，他依然決定以家人為重，暫時放棄繼續累積生涯數據的機會：「我們和醫生溝通討論過，也有做評估，尤其接下來幾個月寶寶會比較脆弱，我想我應該專心陪伴、照料小孩，打球會影響我在這部分的專注度。」

棒球是波西熱愛的，也是職業、是工作，但家庭、孩子更是一輩子的責任與寄託，意義與重要性不同，兩個選項的選擇題，天秤兩端孰輕孰重，在正式退賽前就因處理相關私事錯過練球的波西，並沒有天人交戰，而是無懸念地選擇後者，他有顆善良柔軟的心，在此展露無遺。

波西表示：「我們需要高度注意周遭環境的變化，否則就太天真了。」球團也發表聲明：「全力尊重並支持波西。」「波西是巨人不可或缺的一員，他的退賽對球隊而言是巨大損失，不過我們依然會向前走，等到明年再迎接波西的回歸。」

檢視波西對巨人的貢獻和生涯成就，可說是千年一遇的「傳奇」，用「天之

紅一年，大家都有機會，紅五年要加油，紅十年，要懂得自律。

～「飛刀手」陳義信勉勵後輩

驕子」形容都不為過，學生時期已是名滿全美的「大物」，以二刀流之姿屢屢刷新校史紀錄，允文允武，課業表現亦名列前茅，這也反映在他的領導天份、冷靜頭腦和對場上狀況的精湛洞察力，大學時有次單場輪番守遍所有位置，踏進職業棒球殿堂前便率隊奪冠。

「冠軍靈氣」持續到大聯盟舞台，二〇一〇年，波西在第一個完整球季就繳出三成打擊率、十八支全壘打的佳績，站穩主戰捕手，季後賽一路過關斬將，世界大賽對遊騎兵不但場場蹲滿全場，還敲出全壘打，毫不怯場。季末勝過勇士外野手黑沃德（Jason Heyward）、榮獲新人王，值得一提的是，高中時期波西的隊伍和黑沃德的學校曾在州冠軍戰相遇，當時的勝者黑沃德這次卻沒能再贏波西一把，風水輪流轉。

二〇一二年與二〇一四年，波西繼續在巨人的奪冠路上扮演靈魂指揮官，「雙數年定律」沸沸揚揚，然而這幾年間物換星移、多少臉龐更迭，灣區王牌由林斯肯（Tim Lincecum）、坎恩（Matt Cain）再到邦加納（Madison Bumgarner），波西彷彿「變動中的不變」，一股安定力量。但最為人稱頌的事蹟是他曾克服嚴重傷勢、重返球場——二〇一一年季初的一次本壘攻防戰，導致波西韌帶斷裂、腓骨受傷，整季報銷（而後促成「波西條款」應運而生），捱過手術與復健，在二〇一二年強力回歸，摘下東山再起獎、最有價值球員，相當勵志，高峰後迎接的是低谷，能再爬起著實不容易。波西曾自陳棒球哲學：「我只是盡我所能地去努力，讓結果自然發生。」「當你掙扎時你會感到挫折，但絕不能讓自己一蹶不振。」

波西是球隊的看板人物，球衣銷量始終長紅，除了帥度、實績外，「乖乖牌」的他從未出現負面新聞，形象良好，球迷緣甚佳，人見人愛，是這個世代最受歡迎的捕手之一，家庭因素放棄球季，雖然不免讓人感到可惜，但也不會太驚訝波西會這麼做，畢竟他是波西，這不算什麼可歌可泣的高貴清操，卻令人為之溫暖動容。

本壘有「家」的意象，原文正是「Home」，每位打者從此出發，順利到外頭闖蕩一圈後、安全回來踩本壘，即能得分，那麼固守本壘的捕手，也是「家的守護者」，波西夫婦原本已有一對龍鳳胎，再因收養無家可歸的雙胞胎、適逢疫情毅然退賽，波西為家人的全心付出和犧牲，全世界都感受得到。

（陳志強）

家庭對我來說永遠是最重要的。
～生涯累積 462 發全壘打的重砲鄧恩（Adam Dunn）

後記：本文完成於二〇二〇年十月，而波西於二〇二一年復出並且季初「回春」，無疑使得這段佳話更添故事性。

生命，堅持到底

運動員只有在退下來的那天，才能真正休息。

~姜建銘分享棒球哲學

雖然我得了癌症，但它奪不走我的命。

卡拉斯科（Carlos Carrasco）

卡拉斯科

來自委內瑞拉的強力右投手，二〇〇九年因克里夫李（Cliff Lee）交易案從費城人轉至印地安人，二〇一五年起連四季雙位數勝投，二〇一七年並列勝投王，球威凌厲，二〇一九年被診斷出罹患白血病（血癌），艱辛化療成功後季末復出，勇奪東山再起獎，是新一代的「抗癌鬥士」。

琳瑯滿目的季末獎項中，「東山再起獎」絕對是最勵志動人的故事之一，因為那往往代表球員陷入黑洞後的豁然開朗，所謂萬丈高樓平地起，但當高樓大廈好不容易被建造起來，經歷坍塌後，若能再一磚一瓦重新拼湊、挺然矗立，能給人巨大的能量、鼓舞作用。「傷痛」為名的敵人侵襲球員不足為奇，多數人都深受其擾，罕有選手能倖免，但「病痛」就相對有感，那除了令我們感嘆人生無常，更提醒我們「把握當下」不該只是口號，你永遠無法知道明天和意外哪個會先敲門。

大都會隊投手卡拉斯科於二〇一九年季初確診白血病（血癌），當時他說：「雖然我得了癌症，但它奪不走我的命。」言猶在耳，他已順利重返球場，並連兩年榮獲東山再起獎（註）。

但真實人生不是電影，甫擺脫顛簸、投出成績的卡拉斯科面臨生涯巨變與晴天霹靂，自然會害怕、會惶恐。時序回到當年球季，他在比賽時多次感到前所未有的暈眩無力、體力不支等疲憊症狀，被球團放進傷兵名單，醫生詳細檢查後告訴卡拉斯科：「你得了癌症。」當時他和妻子卡芮麗絲（Karelis Carrasco）在小小的診間獲此「宣判」，不禁震撼失落：「人生就這樣了，我就要死了。」卡拉

我不怕死。
～兩度動過心臟手術的道奇終結者簡森（Kenley Jansen）

斯科這麼描述彼時心情。

腦袋一片空白，彷彿秒針滴答響，倒數那個喚作「死亡」的終點，悲痛的卡拉斯科充滿消極負面能量與想法，是妻子樂觀鼓舞打氣：「沒事的，你一定可以的，你很堅強，會戰勝病魔的！」讓他擁有動力面對漫長的抗癌之路，卡拉斯科接受電台訪問時說道：「我從沒想過自己會罹病，因為我在打球時都超級健康的，但你永遠不清楚自己身體裡頭發生什麼事。」

印地安人球團給予卡拉斯科豐沛的愛與陪伴，當他召集隊友們開會，表明自己的處境時，在場所有人都難以置信：「有人猜是肩傷或肘傷導致球季報銷，但沒人想到是癌症。」生死交關的場合，人們渺小如滄海一粟，體能訓練師仔細說明關於治療的細節後，接著則是一片沉默再沉默，打破沉默的是林多（Francisco Lindor）：「你不孤單，我們會陪你一起度過難關。兄弟，我愛你。」奇普尼斯（Jason Kipnis）也把卡拉斯科拉到一旁，誠懇表示：「整隊都會陪在你身邊，大家都會。」戰場無情而休息室有情，情感真摯動人。

「我驅策自己努力挺過這一切。也有很多人支持我、幫助我，尤其我的隊友、家人還有在我身旁的人，讓我每天都更強壯。」

二〇一九年明星賽恰好在克里夫蘭舉行，大聯盟官方邀請卡拉斯科出席挺身抗癌（Stand Up To Cancer）儀式。幾乎滿場球迷和場上球員都在板子上寫著「我為COOKIE（卡拉斯科的綽號）挺身而出」，卡拉斯科從場邊走到場上，大螢幕播著他的臉孔，他坐在觀眾席的女兒卡蜜拉（Camila）才驚覺她父親得了癌症，山塔納（Carlos Santana）和林多等人與卡拉斯科相擁，眾人掌聲不絕於耳，象徵集氣與祝福，待活動告一段落，卡蜜拉在休息區衝向卡拉斯科問：「爸比，你得了癌症！那你要死掉了嗎？」淚流滿面的卡拉斯科堅決向愛女表示：「不會！我會好起來的，醫生說我會沒事的……我向妳保證。」

儘管醫生評估卡拉斯科的病情能妥善治癒，但血癌仍有一定的致命風險，卡拉斯科當然承受過茫然和挫折感，確診後的一個月，他試著如昔練投，卻無法準確順暢地將球丟進捕手手套，在教練上前關心：「怎麼了？」便情緒潰堤，卡拉斯科一逕哭著，心中吶喊：「為什麼這種事會發生在我身上？不公平。為什麼是我？到底為什麼？」

卡拉斯科回到球場的企圖心無比強烈，他審慎嘗試各種藥物及療程，全心陪伴在家人身邊，暫時把癌症和棒球拋諸腦後：「我不去想不好的事情，現在一切

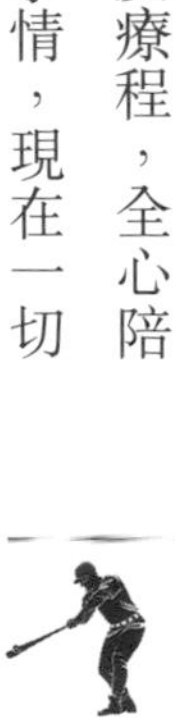

輸掉比賽又不是輸了人生，再艱苦，也沒有我躺在病院時艱苦。
～2020年台灣大賽遭聽牌後，曾動過心臟手術的總教練林岳平心聲

都很好，我只想督促自己更努力。」而且如雪花捎來的簡訊也為他注入暖流、得以前行。「克里夫蘭不僅擁有全美國最棒的球迷，更有一流的醫學中心提供專業照護。罹患癌症時，我本來有可能會在美國任何一座城市效力其他隊伍。不過正因自己有幸身為印地安人隊的一份子，所以能獲得頂尖醫療團隊的治療。我身處這兒就像在家般舒適自在，許多人總是傳訊息給我，連之前在這裡打過球的人也每天傳簡訊給我，就像一家人，這感覺真好。」

經過艱辛搏鬥、大病初癒的卡拉斯科對戰光芒復出，即便在客場依然感到溫暖，兩隊球員和球迷們都熱切歡迎和致敬，卡拉斯科對此相當感激：「我餘生都會記住當時畫面。」

委內瑞拉出身的卡拉斯科，起初剛轉換環境到美國時，由於慣用西班牙語的他無法流暢地使用英文溝通，一度因為不會點餐而連續吃三個月的達美樂披薩，後來才決心改變、努力學習適應，體驗過窮困日子的他後來創立基金會，提供資源幫助美國和委內瑞拉的弱勢兒童，試圖扭轉辛苦現況，因為抗癌歷程，他更以自身經驗鼓舞其他癌童。卡拉斯科過往常想東想西、患得患失，也曾多次遭遇強襲球傷退，甚至曾在無安打比賽僅剩一個出局數破功時面帶笑容鼓勵隊友、稱讚對手，卡拉斯科不只是好人，更是強大的好人，東山再起的不只身體，還有心志。

真實人生的確不是電影，但抱持信念勇於面對，每個人都能當自己的英雄、扮演別人的後盾。寫作本文此時，前職棒球員、受歡迎的球評潘忠韋先生亦正與血癌奮戰，期許祈福順利撐過關卡，完成骨髓移植，以燦爛笑容溫暖回歸！

（陳志強）

註：卡拉斯科連兩年獲得東山再起獎（Major League Baseball Comeback Player of the Year Award），但性質不同，二〇一九年是官方獎項，二〇二〇年則是球員工會選出（Players Choice Award）。

後記：本文完成於二〇二〇年十月下旬，當時卡拉斯科尚未被交易，而「喇叭哥」也還沒傳來療程好消息，證明世局從來都瞬息萬變，不過儘管本文錯過了「亮相」的最佳時機點，但只要「喇叭哥」漸入佳境就好，這比什麼都還重要。

除了努力以外更要有耐心，因為漫長生涯一定會遇到傷勢，你必須耐心與它相處。
～威震天下的「巨怪」藍迪強森（Randy Johnson）

我希望被記得的是，這個人奉獻了他的一切。

茂爾（Joe Mauer）

茂爾

雙城隊二〇〇二年選秀狀元，土生土長明尼蘇達子弟兵，出道以來便受到球迷喜愛與著迷。英俊瀟灑、戴著面罩安定鎮守本壘板，不僅曾經取得捕手金手套三連霸，打擊能耐亦屬史詩等級，二〇〇六年成為首位以捕手之姿勇奪打擊王的球員，二〇〇九年榮膺美國聯盟最有價值球員，創隊史最鉅合約紀錄，可惜因腦震盪導致表現下滑、移防一壘，二〇一八年季末決定引退，背號七號隨後被球團給予退休禮遇。

恆河沙數、人才濟濟且競爭激烈的大聯盟殿堂，太多身影與名字倏忽即逝，能走得長遠、甚至發表退休感言的選手，皆非泛泛之輩，必定有過一番豐功偉業、了不起的球員生涯，有始有終、片刻永恆。

二〇一八年十一月，雙城隊經典球星茂爾（Joe Mauer）一襲西裝在引退記者會上真情流露，這位一代鐵捕坦言：「我希望是被以一個好隊友、一個好人的身分被記住，希望被記得的是：這個人奉獻了他的一切。」一如他呈現的形象：溫暖和煦、樸實無華卻又真摯深刻。

該年球季是茂爾八年合約的最後一年，雙城最後一場例行賽正好是在主場舉行，由於氛圍使然加上沒人能保證未來如何發展，湧進超過三萬名球迷見證「可能的最後一戰」。茂爾以開路先鋒一壘手身分出賽，第七局茂爾敲出招牌式反方向二壘安打，全場歡聲雷動，然而更高潮迭起的一幕是九局上，茂爾換上久違捕手裝備登場，掌聲不絕於耳，眾人皆知這般巧心安排意義重大，絲毫不敢錯過一分一秒，在象徵性接捕完一球刻意溝通的外角壞球後，茂爾在隊友致意、擁抱下含淚退場。

茂爾和明尼蘇達的所有靈魂，彼此都把彼此當作生命中重要的家人。

我身上流著棒球的血。

～在日本職棒風光過、後來棄投從打的姜建銘

幾個禮拜後，茂爾亦正式宣布引退：「從沒想過離開這兒（明尼蘇達），我無法想像穿別隊球衣的樣子。」

茂爾是明尼蘇達發光發熱的「家鄉球員」，學生時期在棒球、籃球、美式足球都有傲人表現、創許多校史紀錄，最後選擇投入棒球、進而在雙城寫下不凡生涯，且難能可貴的是從一而終，相比同期其他厲害隊友杭特（Torii Hunter）、山塔納（Johan Santana）、莫努（Justin Morneau）、卡戴爾（Michael Cuddyer）等人都離開過，更顯得與眾不同。

兩屆賽揚「神之左手」山塔納和茂爾攜手搭配過七十九場、超過五百局，兩人交情甚篤：「恭喜茂爾有這麼棒的球員生涯，我們開過無數次的投捕會議，也有無數次在投手丘上討論要如何解決對手，和你在一起的時光總充滿歡笑，讓我不覺得我自己是在工作。我知道要離開我們喜歡的地方（球場）是很不容易的事，但我也知道除了棒球以外，我們更愛我們的家人，期待再次見面聊聊！」

攻守兼備的茂爾以捕手角色闖出名堂，他也數次表達對於蹲捕的熱忱：「雖然對於心理和生理層面都是挑戰和煎熬，但因能參與球賽的每一球，所以我喜愛蹲捕。」「只要可以，我希望在本壘後方坐鎮，我會竭盡所能幫助球隊並且享受掌控球賽進行的感覺。」可惜二〇一三年球季因擦棒球引起的腦震盪症狀，讓茂爾的球員生涯面臨巨大轉折，經過審慎評估後，球團協調轉守一壘以減少受傷風險。

「當你慢慢變老，你開始明白有些事是你無法控制的。」

終結者羅傑斯（Taylor Rogers）描述守一壘的茂爾：「我享受每次往一壘牽制的感覺，因為他會把球完美的、不偏不倚回傳給我，非常整齊規律，就像他本人一樣，感謝那些回憶。」

茂爾待人誠懇、謙虛不居功，一旦接觸和認識便會欽佩他的敬業態度。莫努是茂爾的多年戰友、曾經的室友、他婚禮時的伴郎，更讚不絕口：「你是個好人，何其有幸與你共事，明尼蘇達有你真好。」

獲獎無數的茂爾正值當打之年時，曾有記者問道：「這些獎盃、獎座要擺放家中何處？」茂爾如此回答：「先放在倉庫收納起來。畢竟我還持續在場上努力和拚戰，一切還沒結束，以後等我球員生涯告一段落，才是能夠好好放鬆、整理以及回味的時候。」對他來說，當世間的喜怒哀樂還在運轉之時，只管投入其中，不容停止與懈怠：「我希望能變成更好，任何能幫我成長的事物我都欣然接

「生涯年」？那是外界給的標準，我不會看那個，能繼續在場上打球我就覺得很棒了，數字對我來說，就是禮物，有多的就更開心。
～周思齊談 2020 年球季的生涯單季最多轟

受。」

若說有東西對於茂爾來說比棒球還珍貴，那無疑是「家人」。

「決定退休是經過深思熟慮的，主要考量我的健康和我的家人。腦震盪的風險總是存在、不曾消失。謝謝明尼蘇達雙城隊以及球迷們，讓我的職業生涯變得特別、令人難忘。因為你們，我能以完整而感恩的心情離開我喜愛的球賽。」

雙城隊的隊名是「Twins」，茂爾是最家喻戶曉的球員，二〇一三年茂爾的妻子生下雙胞胎女兒—艾蜜莉（Emily）與瑪倫（Maren），讓「Twins先生」的故事再添佳話。此外他曾經和母親一同拍攝廣告：「我希望我的重要時刻，家人、孩子們都能參與。」背號引退儀式等場合也是全家出動（包括剛出生不久的兒子），十足「顧家好男人」，過去守護本壘（Home plate），現在則要保護「家」（Home）。

有此一說：「每個運動員都會死兩次，一次是從賽場退休之時，第二次才是停止呼吸、踏進棺材。」也因此引退儀式才會常常讓球迷一把鼻涕一把眼淚。五月天〈將軍令〉有句歌詞是這樣唱的：「你想被記住的那個名字，將會是什麼？」人生在世，不過短短幾十年，要留下怎樣的典範、能以何種姿態長存記憶，茂爾的「奉獻了一切」，正是恰如其分的詮釋。

（陳志強）

棒球就像我手上的繭，告訴我什麼叫失敗也告訴過我什麼是成功的滋味，棒球是生命，讓我離不開也放不下。
～味全龍二壘手李凱威

不要再把公眾人物當作發洩的正當工具。

達比修有

達比修有

流著伊朗血液的混血強投，擁有快速火球和七彩變化球，出身北海道日本火腿鬥士隊，一度創下連續四十四局無失分的隊史紀錄，二〇一一年底入札挑戰美國職棒，隔年達成美日通算百勝，三振功力驚人，二〇一三年拿下三振王，二〇二一年更寫下大聯盟「最速一千五百K」紀錄。

我喜歡達比修有，因為他呈現出來、作為人的「溫度」，並不亞於在場上的殺氣與球技。

現今網路發展日新月異，社群平台蓬勃成長、無遠弗屆，天涯若比鄰，時空收斂的程度愈來愈明顯，任何人的言行舉止及評論都可能透過各種媒介被當事人看到、產生巨大影響，「粉絲」與「公眾人物」的界線漸趨模糊，好的面向是對公眾人物的鼓勵打氣容易傳遞，能成為繼續堅持的動力，壞的則是挖苦與貶低，一字一句說不放在心上是不可能的，甚至往往扮演壓垮信心的最後一根稻草。所以只要有點名氣的人物，面對網路留言都得具備強韌的心理素質，才不會隨波逐流、人云亦云，太在意他人看法而忘了「做自己」，水能載舟亦能覆舟，近年來致力於經營YouTube頻道以及社群帳號的達比修有便深有感悟。

二〇二〇年，日本職業摔角女子選手木村花因長期承受網路霸凌、酸言酸語，選擇自我了斷、走上絕路，達比修有在推特抒發己見：「真是了不起的網路霸凌，我一直認為，**不要再把公眾人物當作發洩的正當工具，『有名稅』已經不**合時宜了。」

「那些還在反對誰、攻擊誰的人最好趕快停止，這真的不只是浪費別人的時

面對酸言酸語要配「甜思考」，就像檸檬水配蜂蜜，好喝。
～周思齊談面對「酸民」謾罵時的積極正面思考

間，也是虛擲自己的時間。雖然說世界沒有無意義的事情，但這種行為絕對沒有任何意義，希望你們不要讓自己的人生變成對人類來說是沒有意義的存在。」

「是誰說當面不能說出口的東西，在社群媒體就可以毫無顧忌、暢所欲言？還有在那邊說什麼『不要管它啦』、『不要認真就好』、『我知道你被說不好聽的話，但忍著點吧』之類的話，平心而論，別說這些比較好。」達比修有還分享漫天飛蟲圍繞在人身邊的幾張照片，嚴肅寫道：「這就是公眾人物被誹謗中傷的感受。」田中將大也說：「即使在社群網路上收到很多的話語能讓自己感到溫暖，但那些惡劣的話卻會令人久久難以釋懷。」

良言一句三冬暖，惡語傷人六月寒。綽號「混血王子」達比修有擁有伊朗血統，讓他在成長過程中多少有點「與他人不一樣」的異樣眼光，自身特質處於高壓拘謹的日本文化，更會感到不自在，如同高中畢業前被媒體拍到進出柏青哥店與抽菸的照片，引起軒然大波，讓達比修有對無良媒體始終抱持敵意與憤懣。二〇一八年，知名音樂製作人小室哲哉因八卦周刊報導不倫疑雲而宣布引退，周刊記者針對此事聲明：「小室引退令人感到遺憾，這個結果不是我們的本意」，令許多藝人及日本民眾反感，達比修有當時發文開火：「挖盡他人隱私，然後說這個結果不是我們的本意，頭腦真的沒有問題嗎？八卦雜誌做的事幾乎都是揭人短處跟痛處再大肆宣傳。」有網友回覆：「週刊恐怕只覺得是玩具壞掉了，然後說自己本來沒打算弄壞玩具。也像霸凌者在被霸凌的人自殺後才說：『我沒想到他會死掉』一樣惡質。」

回顧達比修有的旅美生涯，雖然繳出亮麗數據成績單，但也遭遇過不平對待，除了日美文化、習慣差異帶來的隔閡尚不足為外人道，需要花心力打進生活圈，但付出後仍不見得所有人都買單，根深蒂固的「歧視」實難扭轉。二〇一七年世界大賽，太空人古力歐（Yuli Gurriel）砲轟達比修有後，回休息室用雙手食指做出「拉鳳眼」的種族歧視動作，嘴裡還念著「Chinito」字眼（西班牙語意思為「小中國人」），畫面透過反覆播送與輿論發酵，一片譁然，聯盟官方對古力歐做出禁賽懲處後，達比修也接受道歉，大器表示：「沒人是完美的，包括你我，今天他做錯了，與其譴責倒不如努力從中學習，若我們能從這事件當中得到什麼，會是人們的一大步。」

達比修有當年被道奇寄予厚望，畢竟是交易大限前用潛力新秀換來的戰力，世界大賽卻被打得灰頭土臉，期盼冠軍金盃的洛城球迷在網路上不留情地批評

我不太看 TPP 什麼的（應為 PTT），就在場上把自己盡量做到最好。

～亞運對韓國開轟的林加祐談網路上的輿論壓力

他，種種奚落、輕蔑言論紛至沓來，沒有雪中送炭，只有落井下石，能捱過這些謾罵、昂然挺立，達比修有對於網路霸凌的確培養出自己的應對之道，正如太空人的作弊醜聞搬上檯面，當初攻擊達比修有的道奇球迷紛紛「認錯懺悔」，他也輕鬆自嘲面對、一笑置之，心理素質讓人敬佩，言語是利刃，能殺人於無形，而那些殺不死你的，必使你更強大。

達比修有曾在推特對那些遇到惡意誹謗的人呼籲，在網路匿名的酸言酸語，根本一點也沒有說服力，「你大可無視，我則會當對方是機器，然後當作提升自己的言語能力、整理價值觀去交換意見，持論點攻防，這有助於自己的成長。」

我喜歡達比修有，他明白世上從沒完美（就像他擦肩而過的完全比賽一樣），但他充分發揮身為公眾人物的影響力，努力讓人們更好、對網路霸凌勇於發聲。

（陳志強）

金價某甘單。

楊清瓏

楊清瓏

曾為第二代金龍少棒隊的隊員之一，一九八四年洛杉磯奧運中華棒球代表隊成員，於銅牌戰擊出全壘打。

退役後擔任中華隊教練、中職以及國際賽人氣球評、中華職棒秘書長。

中華職棒三十一年，聯盟會長確定由蔡其昌接任，大家也很好奇秘書長會是由誰擔當？最後揭曉則是由楊清瓏出任。現在的球迷可能對楊清瓏不是這麼熟悉，但對於老球迷或是資深的棒球人士，應該聽到楊老師都要肅然起敬。他在球員時期曾經幫助台灣在奧運打下感動，球評時期則是陪著大家走過職棒黑暗期。

楊清瓏出生於一九五八年，算是早一輩的棒球選手，從小就是國家代表隊的常客，參加過的比賽或是待過的球隊，許多都已是歷史回憶，穿過味全龍業餘棒球隊和空軍虎風棒球隊球衣，打過的國際賽，有美國蓋瑞城青少棒賽還有羅德岱堡青棒賽，其中最著名的一定是一九八四年的美國洛杉磯奧運會，那時候雖然是示範賽，但畢竟是奧林匹克的規格賽，全世界各國還是以最佳陣容出戰。

中華隊當時也是名將如雲，投手莊勝雄、杜福明，還有在此賽事大放異彩的東方特快車郭泰源，野手有趙士強、林華韋、李居明、葉志仙。中華隊預賽表現出色晉級複賽，可惜四強賽輸給了日本，只能和韓國爭奪銅牌戰，同時也是中華成棒史上最接近奧運獎牌的時刻。兩隊開打後都是強投上陣封鎖打線，一路零比零進入延長賽，韓國中繼上場的超級強投宣銅烈，完全一夫當關，但當他退場後，比賽出現了變化，十四局上半中華隊靠著連續安打先打破鴨蛋，輪到接替上陣的楊清瓏，個頭不算高大，但爆發力驚人，一棒轟過了洛杉磯道奇球場上空，打出關鍵的兩分全壘打。這段泛黃的影片在網路上還可以找得到，傳統接近正方形的電視框比例，帶點粗糙的畫質，還是看得清楚楊清瓏很開心地回到本壘，然後這些大前輩們把他抱起來，最後中華隊也拿下奧運成棒的第一面獎牌，寫下新歷史。

飛過洛杉磯道奇球場那道美麗弧線，打下最漂亮的一仗，成為台灣英雄，那個年代奧運的中華隊出賽，都是全台灣的焦點，褪下球員身分的楊清瓏，當然成為各球隊爭相拉攏的教練人選，後來楊老師陸續接任那魯灣職棒聯盟的台中金剛和聲寶太陽總教練，一直到台灣兩職棒聯盟合併後，改轉為專職球評，也在這個新職位找到了另一片春天。

有了從小到大身經百戰的球賽經歷，又有後來執教、總指揮官的運籌帷幄功力，都幫助他在解析球賽時非常上手。特別是在預測戰術和球路部分，都能神準預測，所以當時網路給的稱號，就是諸葛「瓏」，象徵他都能趕在球賽畫面播出前，先沙盤推演給電視機前的觀眾，短短時間就深受球迷的喜愛，成為長駐球評，有不少經典語錄都在棒球圈發酵，一些口頭禪甚至演化成網路用語，像是有

你必須要嘗試謙卑，如果你不這麼做，我相信球賽會用某種方式讓你懂得謙卑。
～征戰超過十年的三壘手龍哥利亞（Evan Longoria）

時用台語稱讚球員真是不簡單的「金價某甘單」，就常在網路或是BBS被模仿使用，在那個職棒比較低迷的時代，給了大家更多討論的熱門話題。

也因為長期都在緯來電視台，所以跟楊老師有史深的認識，那是一個很特別的年代（絕對很……特別），幾次的假球事件，越演越烈，許多職棒相關人員常擔心沒有明天，現場觀眾都是寥寥的一、二千人，電視轉播更是沒人關注，所以球評在那個黑暗時期扮演了更重要的角色，那時候我看楊老師，永遠都還是認真的準備資料，很努力在賽前到場內收集球員的訊息、狀況或是八卦也好，都希望能在球賽中，把更豐富的講評帶給大家。

最特別的一點，那時緯來組了一支棒球隊，雖然只是每年會參加一個聯盟舉辦的員工盃軟式棒球賽，不過每一個人都非常看重，而當時最佳的總教練人選，當然就是楊清瓏教練啦，球員則大都由轉播的攝影師組成，所以都跟楊老師有不錯感情，每次只要他擔任球評時，戴著轉播耳機的大家，都能清楚地聽到講解。

常常在賽後，攝影師們就會來開玩笑說：「楊老師我都有很認真聽你講欸，再加上之前練球教的，我都知道野手要傳哪邊。」這就像是孔明的「草船借箭」一樣，諸葛「瓏」，變成了借東風之諸葛「團隊」。緯來的轉播能力一直在棒球界都備受肯定，這支員工棒球隊毫無疑問就是加分加乘的效果。攝影師們能預知等下球賽會發生的狀況，準備更好的捕捉運鏡，優秀的搭配默契。

轉播的時候是球評，下播之後就變成我們的教練，另外還有一點讓我很佩服的，是他對棒球永遠都充滿熱情，練球的時候也會想一些小遊戲給我們，面對我們這些中年的少棒選手，其實也是「某甘單」，我們一些稀奇古怪的問題，他照樣能精闢回答，也許是一起走過了職棒黑暗期，他的回答總是會額外多加提醒強調，一定要走正確的路，絕對不能走偏，楊清瓏後來成為中華職棒的秘書長，以他的理念，一定也會幫助台灣的棒球，走上正確的道路。

（羅國禎）

人家罵你，就當做助力。
～陳義信談姪子陳鴻文被球迷三字經攻擊

熱忱跟堅持，這兩樣你都必須要有。

蘇建文

蘇建文

中華職棒執法最多場次裁判，首位三千場裁判、WBC經典賽國際裁判。

一九九一年開始擔任中華職棒裁判，一九九二年首次於一軍比賽登場執法，二〇一九年達成生涯三千場執法比賽。

「如果想要當棒球裁判，熱忱跟堅持，這兩樣你都必須要有。」對於想要來當裁判或面試應考的年輕人，蘇建文常常都是用這句話來勉勵他們，這……應該也帶有一點點測試的意味吧。特別現在的轉播科技越來越發達，裁判每個判決也會被透過更慢的鏡頭、更多的幀率去檢視，堅持以及熱忱真的就是面對這些影像、圖片或是網路文字的最大武器。

中華職棒裁判在大眾心中，一直有些神秘面紗，因為他們不太能公開接受訪問，面對任何批評都只能默默接受，網路社群上的謾罵，就好像被設定權限一樣，只能按讚或分享，不能回覆也不能刪留言。當然這也有點算保護程式，裁判的工作本來就不是面對媒體，畢竟很多規則不是三言兩語即能解釋清楚，所以大眾對於中職裁判還是有些陌生和模糊的。

不過在職棒三十年的時候，聯盟突然聯絡我說，可否幫他們製作一支蘇建文裁判的影片，因為下週是他正式執法的第三千場，但就像前面說的，其實裁判這塊我也不是這麼清楚。（聽到後我也以球員出賽的數字思考模式馬上換算，鈴木一朗三千安在美國花了十七年，那團隊得三千分之類，大概也就十幾二十年的紀錄吧。）

我們被要求上班的第一天就要有一百分演出，而且還得不斷進步。
～生涯執法超過三千場的前大聯盟裁判法戈（Ed Vargo）

所以一開始聽到裁判三千場以為稀鬆平常，因此隨口就問，能否找出他生涯站的第一場比賽來剪接，這樣影片看起來會比較有歷史感。聯盟回覆說：「是職棒三年。」（哇！聽到真的馬上立正站好，又稍息行童子軍禮，因為職棒三年我才國小吧，馬上要改口成蘇老師，哈哈。）原來蘇老師已經當裁判二十七年，從一九九二年開始，二〇一九年要完成第三千場執法。

蘇建文其實本來是排球選手，對運動非常有興趣，在職棒二年招考裁判時，他在老婆的建議下，決定要來嘗試這……當時的新興行業，因為老婆說：「你不是棒球科班的，如果沒考上又不會丟臉。」蘇老師在回憶這段過程，臉上還是帶著一點點的微微傻笑。

第一次正式比賽上場時他二十八歲，在一九九二年三月十九日，老台北球場開幕戰，當時擔任右線審，從這點就可以知道年代久遠，現在例行賽事，已經沒有線審這個位置，畢竟科技的演進，也慢慢把裁判的一些主導權給淡化了，談到這些時代的變遷，蘇建文反而是以另一種角度去看待。

「當重播輔助判決啟動時，會用那種一格一格超高分倍的畫面去檢視，如果最後的結果證明裁判是對的，那一剎那是最佩服自己的，感覺把一件事情做對了，是非常非常有成就感的，相反的，如果判錯就會覺得很自責，內心想沒有把這工作做好，自己會很內疚。」

二十七年的中職生涯中，也發生過許多職場災難，被擦棒球回擊、被斷棒打中，甚至被回傳球丟到，都是職棒的歲月痕跡，其中最痛的一次，就是當時著名觸身球大王——統一洋投喬伊，在蘇建文擔任主審喊暫停時，看似有些意圖的。直接一顆速球朝主審膝蓋招呼。當時他也忍不住火氣跟著上來，不過也只能夠忍耐住，繼續執法。

另外也經歷許多大大小小爭議事件，鄭兆行總冠軍戰的漏踩一壘、網路大熱門的洪一中總教練跨欄、還有網友回覆率最高的典藏——朱鴻森助跑打擊，這幾次和教練球員的正面衝突，雖然球迷們吵得過癮，點閱和播放次數也持續增加，但回想到這些火爆場面，蘇老師總是不太檢討對方的態度，反而用平淡的語氣思考回應，「如果當時，有某些部分可以處理得更好，場面會不會就沒有這麼激動了，畢竟比賽的主角還是球員啊。」

其實這也道出了裁判的心聲，判好的時候沒有掌聲，判不好時，幾張更安靜的擷圖、影音或是網路文字，就等著標註你。「其實當裁判啊，比賽轉播或是網

裁判同樣是職棒的一環，除了在場上的判決外，執法手勢和動作也能帶動比賽氣氛。
～中職史上罕見的外籍裁判藍普洛夫

路上如果完全都沒有提到你的名字，才代表這場比賽有把工作做得不錯。」面對每個批評和謾罵還是要堅持住，把情緒塞回面罩裡消化掉，因為面對下一場比賽你要保持百分之百的熱忱去迎戰，才不會讓你的判決有所動搖。

二〇一九的六月三十日，在洲際棒球場晚上六點二十分，距離開打還有十分鐘，今晚的四位裁判在聯盟休息室內準備著裝，看著蘇老師依舊把服裝穿得整整齊齊，安全防護也小心地塞進衣服裡，最後所有的場務工作人員一起，像球員集合一般圍了小圈圈禱告：「希望這場比賽還是順順利利的，大夥加油。」

隨後走到場邊等待，六點三十分一到，四位裁判跑向本壘板和全場敬禮，此時其他三位裁判也分別給了蘇建文一個大力擁抱，因為中華職棒里程碑達成，史上第一位裁判出賽三千場次，此時的蘇老師眼眶其實已經有點泛紅，裁判們跟球員一起同步衝向球場，球迷們喊著球員的名字，全場熱烈的歡呼，今天擔任一壘審的蘇老師也跑向線邊，在這重大的日子裡面，心裡想的，應該還是希望今晚的職棒消息不要出現他的名字，比賽順利就好。

（羅國禎）

我要成為棒球的幼幼台。

許德富

許德富

中職史上第一位工讀生，棒球經歷橫跨兩聯盟。二〇一五年智林體育台成立，許德富選擇學生棒球作為體育台直播內容，主打國內基層體育賽事轉播服務，現為國內直播最多棒球賽事的頻道。

「我想要成為棒球的幼幼台。」聽到這句話，大概會以為許德富應該是一個經驗老道的新聞媒體或電視從業人員，答案都不是，有幾次看到他一大早六、七點，拿攝影機和一台機器，就去做轉播的準備工作，其實他的經歷，還真的和轉播沒有什麼太大關聯，不過講到棒球可就不一樣，光是這個稱號，應該……絕對……一定……百分之九十九……可以嚇到人，中華職棒史上的第一位工讀生。

講到職棒元年，下一句通常就要接……龍獅虎象，當時四支球隊吉祥物裡面，把味全龍的頭罩取下，裡面就可看到許德富年輕時的真面目，他從職棒元年開始就協助聯盟各項事務，不管中職的大大小小事也都能使命必達、熱情滿滿，注定要和棒球相處一輩子。

從早期的工讀生慢慢成為聯盟的正職人員，也因為看過職棒所有起起伏伏，總在最前線貼近觀眾，對於球迷的喜愛非常了解，甚至也有去另一聯盟那魯灣協助，橫跨兩聯盟多了一份經驗後，再回到中職，晉升成主要的行銷企劃，也是在那時候，我第一次認識這位職棒教科書。

當時我是以大學實習生的模式，來到了中職聯盟，那時他已經是行銷主管，雖然不同組別，但因為他幽默熱情，對於職棒又瞭若指掌，所以總是會讓各組的實習生聚集在他座位附近。聽他細數職棒的大小事。

其中印象最深的就是老台北棒球場的最後巡禮，那時的職棒因為假球案已經跌到最谷底，幾乎鮮少人關心，但那次活動我卻完全被吸引到，願意再回歸到中職的世界裡。台北球場本來就是資深球迷的記憶，而那一整個巡禮，也非常有味道，各式各樣的古早味活動和致敬。賽後還有許多球迷走進場內，像日本甲子園的高中生般，蹲在球場，把球場紅土挖到小罐子裡，帶回去做紀念，整個系列用溫馨暖化了那個凋零年代。

再跳回我實習的階段，已經是職棒二〇〇二年，世界盃棒球賽熱潮後，職棒再度復甦，所以那時許德富也覺得時候到了，再度見證職棒的谷底反彈，自身任務已達成，決定離開中職聯盟。

離開棒球後，來到了智林體育行銷公司，這間公司主要是負責體育的行銷活動，大部分是高爾夫球業務，沒想到幾年後過去，智林成立了體育電視台，體育台當然需要轉播，才會有內容。許德富第一個想到的當然還是棒球，啟蒙階段以簡易的直播為主，大部分都是選擇學生棒球，不管高中還是國小棒球比賽，常常可以看到智林工作人員的身影，不過因為以前沒有接觸過，對於攝影還有網路設

抱怨就像嘔吐，抱怨過後你可能會舒暢一點，但會讓你身邊的人不太舒服。

～生涯3319安、234轟、504盜的名人堂傳奇莫里托（Paul Molitor）

定都完全陌生，起步要花更多錯誤累積和時間研究，一步一步跨越問題。

也是因為棒球轉播，所以我有契機再和許德富重聚，有時會邀請我擔任主播或是講評，只是他們的通告相較於業界，時間都有點恐怖，常常早上八點開始直播比賽，而且一天三場或四場都有可能，對於比較常跟著職棒晚睡晚起的我，有點吃不消，六、七點起床真的有點痛苦。而他們還得更早準備，通常轉播人員要提早一個小時到現場，為了想給這些小朋友更好的轉播品質，真的會被他們的熱心給感動到，也因為還在學習轉播階段，所以不會放過任何可以累積經驗的機會，造就了智林在網路上都有著極高的評價。

除了棒球之外，他們連一些冷門的運動也有直播，木球、合球、角力、武術……等，大部分還是以學生運動為主，很迅速的獲得體育圈讚賞，每次看著他們有限的人力，拿著攝影機和導播機，就這樣全台灣上山下海跑透透，在這個網路發達的時代，直播頻道百百種，但我觀察智林這個頻道，幾乎沒有什麼負評，畢竟服務的賽事都是從預賽到決賽，不管冷門或熱門，整個團隊都細心服務，回饋的就是非常多家長都說，很感激可以在手機或是電腦裡，看到自己的孩子比賽直播。

有幾次一大早（對……就是我，又要播八點的比賽），就看到許德富拿著機器準備要從飯店出門，我問：「球場不是就在附近，不用這麼早出發吧？」他說：「沒有，要去另一個場地，因為昨天有家長留言說，小朋友在另一個場地沒排到直播，但又想看，看到家長這樣講，就不想讓他們失望。」我心裡想太猛了吧，只是個網路敲碗許願池，馬上就願望成真，讓他跟同事帶著一台攝影機，衝去另一個遙遠的球場做單機直播。

我是真的打從心裡佩服他，從一個完全不懂電視轉播，也不知道什麼網路設定、頻寬網速的門外漢，竟然能在短時間上手，還一年直播幾百場的賽事，而且都是不太容易盈利的賽事，但憑著不斷學習的熱情，還有對棒球的感情吧，以熱情和堅持闖出了一條路，雖然辛苦，但聽他聊起這段的時候，臉上是充滿興奮的：「因為每次看到一些家長留言都會覺得很感動，還有一些小朋友也會來留，說開心看到自己，這些回饋真的很可愛，所以很希望，我們未來也可以變成棒球的幼幼台，不管家長還是小孩都有一個很好的親子互動平台。」

（羅國禎）

人生，沒有不散的筵席。但，有的是不斷的友誼。
～名主播常富寧談FOX體育台即將走入尾聲

君子愛財取之有道，平平順順過日子就好。

陳憲問

陳憲問

職棒元年起在北部球場（包括老台北球場、新莊、桃園、新竹）外賣香腸，至今超過三十年，人稱「汾條伯」。

二〇一六年獲中信兄弟邀請，在新莊球場擔任開球嘉賓。

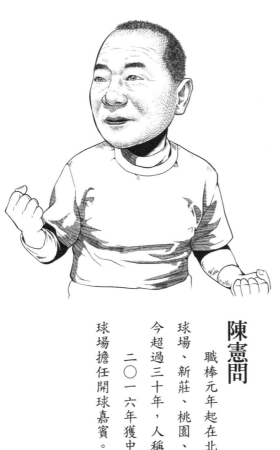

「歡呼聲如果拉很長的話，就代表裡面在打安打，如果那個聲音很短就結束，就代表裡面這個球，應該是接殺了啦。」

新莊球場外隔一條馬路的汾條伯，靠著場內傳出來的聲音跟我分析，目前球場裡面可能發生的狀況。一邊講話形容，一邊則是繼續翻動烤爐上整排香腸、甜不辣，還有米腸。

這位忙翻天的阿伯，其實本名叫陳憲問，但大家都比較熟悉他汾條伯的稱號，只要是北部的球迷幾乎都聽過或是吃過吧，就算沒有，至少也會聞到過這球場入口前的味道，因為這位香腸阿伯，可是從中華職棒元年就開始擺攤到現在。

職棒二十七年的時候，剛好我在球團協助行銷工作，當時要舉辦兄弟象復古日，大家就建議如果把具有時代性的汾條伯請進球場來開球，應該非常有意義，我就跑到攤位上去邀請，不過一開始汾條伯很低調婉拒，後來持續詢問，最後才點頭，原來他是在擔心如果當天去開球，那天香腸攤沒有人顧怎麼辦。

到了五月三十號當日，還記得那是一個大熱天的下午比賽，當主持人說歡迎今天的開球嘉賓進場時，特別挑選了職棒元年的歌曲〈小英雄〉，球場的音響放出久違的童安格歌聲「從今以後，當個小英雄，握著你的小手邁向成功。」

種田和打棒球一樣，要誠實要堅持。對我來說，噴農藥就像打假球。

～「棒球農夫」張志強

這時汾條伯從右外野線邊的入口轉角推著攤車走進場，馬上吸引了球迷的目光（有先跟阿伯說，我們會幫他一起推，但阿伯說習慣自己推），大家拿起手機錄影照相，職棒球員則是主動走向他來幫忙推車，因為眼前的這阿伯和攤車的組合，是再熟悉不過的職棒風景，只是這條路走了二十七年，終於走進了球場裡，不少球員也都說在場外有買過，所以看到這一組進場，真的特別感動。

就連開球的捕手，也是當時的總教練吳復連自廟上陣，想來參與這古早味和職棒老朋友一起搭檔，站在投手丘上的汾條伯，一百七十公分身高看起來顯得嬌小，還特地穿上了年輕時的整套社會隊棒球戰袍，拿起球來的阿伯，其實眼角有些淚光，但不影響身手，輕鬆投出了一顆好球進到吳總手套裡。完成開球儀式，有許多媒體想要採訪感想，阿伯才說：「說真的，快要掉眼淚了，特別是大家一直叫我加油、加油，賣香腸賣了二十七年能走進球場，也真的值得了啦！」

其實從汾條伯的全身裝扮，就很清楚他不只是有炭烤的好手藝，身上的整套棒球，從衣服到褲子樣式有點像是早期的中華隊藍白球衣，完全顯現出年代感，與對棒球的深厚感情；其實阿伯也曾是乙組棒球好手，年輕參加過許多球隊，也是因為真心愛棒球所以才選擇賣香腸。

阿伯說：「因為賣香腸自由啊，這樣我就可以跟著棒球賽跑，每場都可以到，從老台北棒球場到現在新莊球場和天母球場，有時候想休息，球迷還會問，怎麼沒有出來。」這三十年間也歷經了職棒起起伏伏。

「職棒開始時，每場都爆滿，而且那時的台灣人很喜歡排隊，不管是買球票或是買香腸，都是排一條長龍，那個場景最懷念了，所以早期一天都要準備七、八百條香腸才夠，不過後來遇到了假球黑暗期，就非常慘，一天可能只賣五十條不到。但為了小孩生活費，還是要繼續撐不能間斷。」

記者也問他如何看待職棒的起落，他想了大概十秒後才說：「唉，我常跟小孩子講，君子愛財取之有道，就是這樣啊！（嘆了一口氣）人生的路會比較好走，天下沒有白吃的午餐，我們做人不要去貪什麼什麼，平平順順的過日子就好，就是這樣啦。」

一個在場外聽了二十七年棒球的阿伯，似乎比場內許多人，更懂棒球的人生哲理，棒球之路想要走得長遠，不是球速快或是揮棒猛，而是要更了解做人基本的道理，取之有道。

這也讓我想到劇場大師李國修的「人一輩子最好一件事就功德圓滿」，阿伯

當一個人變有錢、功成名就時，人們通常會覺得他與眾不同，但我一直以來都是同一個我。
～擁有極品曲球的席托（Barry Zito）

的雙手經歷了無數次燒燙傷，還是選擇繼續守護這棒球場，從沒間斷。但有些棒球員打了幾年就消失了，面對自己最愛的棒球，沒有用手套而是被手銬銬住那強而有力又充滿天賦的雙手。

開完球後，我還特地給了汾條伯幾張貴賓證，也千交代萬交代，一定要留下來或帶親友一起看個幾局比賽喔，畢竟都等了二十七年了，但開打後我還是找不到他的身影，不管是內野觀眾席或是貴賓室也都沒看見，最後只好去一個最有可能的地方，走出了新莊球場和前面的小公園，看著馬路對面炭燒炊煙裊裊瀰漫著，走近一看，掛著貴賓證的阿伯又忙碌地翻動香腸和甜不辣，問他何不進去看球？阿伯說不放心老婆一個人在這邊顧啊。

我想不是只有體恤太太吧，而是想維持攤子裡的熟悉味道，他熟練的翻轉，和快速地塗抹醬料，細察每根香腸米腸烤出來的焦度，每一根的刷醬平均分佈，才是他最注重的，至於裡面打得怎樣，好像就不是這麼在意了，他說要賣香腸賣到推不動車子為止。其實每天看他最辛苦的就是，球賽打到六、七局後，接近尾聲，阿伯就要收拾攤位，最難的就是把攤車推回貨車，他說年紀大了比較吃力，要先用兩個軌道架在貨車後，再用微蹲的姿勢把攤車推進貨車。最後開走回家，結束自己其中一場例行賽的九局下半。

這段故事其實已經是五年前的故事了，現在阿伯可能不知道，球場裡有了更巨大的變化，每場比賽兩邊都有許多的啦啦隊女孩和電子音樂，球場裡也有各種東西食物的美食街，球衣更漂亮了，紅土和草地也更工整了，可能唯一不變的，還是球場對面的排隊小長龍，一樣的老闆、一樣的香腸小攤位、一樣的味道、一樣的職棒元年古早味。

（羅國禎）

那些打放水球的球員，在他們生命即將終結的那一刻，心中最遺憾懊悔的事，肯定是背叛了棒球之神！
～熱血主播徐展元

大聯盟針對球員的行銷出了問題，他們把重點擺在行銷球隊，而不是行銷球員。

波拉斯（Scott Boras）

波拉斯

堪稱棒球界最知名的經紀人，多次為旗下球員爭取到破紀錄的天價合約，故被冠以「吸血鬼」稱號。和羅德里奎茲（Alex Rodriguez）、朴贊浩、松坂大輔、陳偉殷、王維中等人有合作經驗，在從事經紀人事業之前亦當過藥劑師、律師，背景、資歷和智慧皆豐富傲人，談判桌上勝多敗少。

「文化」具備多元樣貌，一方面是長期累積的資產，另一方面彼此連動、瞬息萬變，進入二十一世紀，隨著科技的日新月異，人們對於娛樂的選擇愈趨多元，從事體育活動、觀賞體育賽事不再是年輕人閒暇生活的唯一寄託，此現象造成許多體育項目的收視率、進場觀眾數等指標呈現萎縮下滑，層面更遍及全球，官方致力尋求解方、力挽狂瀾，例如大聯盟主席曼佛瑞德（Rob Manfred）試圖透過新規定（如限制出手時間、廢止「一人投手」、引進電子好球帶、延長賽突破僵局制等）為棒球帶來改變，希望加快比賽運行的節奏，以增加球迷關注的誘因，也有相關人士根據自身角度給予建言。

赫赫有名的經紀人波拉斯（Scott Boras）曾針對行銷成效與做法發表觀點：「大聯盟針對球員的行銷出了問題，因為他們把重點擺在行銷球隊，而不是行銷球員，但實際情況是哈波（Bryce Harper）與品牌UA簽下巨額商業合約，而布萊恩（Kris Bryant）則是與adidas及紅牛合作，這些大聯盟球星獲得NBA、NFL球星沒有的待遇。」

波拉斯的身分和工作讓他與不少球員關係密切、接觸頻繁，對重大議題所抱持的角度亦有所不同，曼佛瑞德的做法未讓他心服口服，因為對規則採取變革與

我不是個優秀的騙子，所以我總說實話，我認為這樣才是最好的。
～自承有社交焦慮症的強投葛蘭基（Zack Greinke）

球迷的成長沒有直接關聯，不如檢討行銷手段，波拉斯認為主席該更花心思、力氣在包裝明星球員：「棒球季長達七個月是種優勢，因為賽季期間，我們能很容易透過各種管道天天看到這些棒球明星。」

這樣的呼籲合不合理？見仁見智，沒人有時光機，有些事情沒有標準答案，且「物以稀為貴」，若是太過氾濫、包裝過頭，也可能有反效果，但「球星的塑造」對運動的普及度助益匪淺，以「籃球大帝」喬丹（Michael Jordan）為例，叱吒風雲的模樣和領袖典範深植於心，那些年頭，不管是不是籃球愛好者，幾乎都聽過他的事蹟以及津津樂道的「公牛王朝」，值得留意的是，多數人知道的是「喬丹的公牛隊」，而非「公牛隊的喬丹」，當「個人」的記憶點凌駕於所屬球隊，就文化的建立、運動行銷的角度，有一定程度的利大於弊，畢竟我們都需要偶像（idol）去瘋、去崇拜、去追隨。

球迷愛上棒球總需要一個契機與起源，明星光環加持的某些球員或可扮演如此角色。誠然棒球相較於「一球在手，希望無窮」的籃球，「團隊主義」又更為鮮明：主宰全場的先發投手即使無失分、隊友沒能突破對方還是頂多平手；重砲手單場轟了四發全壘打、球隊也可能輸球，讓「英雄」需要更多天時地利人和，二〇一九年運動媒體ESPN調查的「體壇百大運動員」，棒球僅有哈波一人入選（第九十九名），便能看出影響力式微。

正所謂時勢造英雄，世代間風起雲湧，每個時期有各自的特徵與代名詞，近年來「斜槓」風潮盛行，愈來愈多人擁有多重身分和事業，「超級經紀人」波拉斯就是典型，大學時期寫下全隊最高打擊率，在紅雀、小熊的小聯盟留下出賽紀錄，甚至入選過佛州聯盟明星賽，最高攀到2A，可惜因多次膝蓋手術告別球場，褪下球衣的波拉斯回歸學校修完學分、取得學位，曾打贏醫療疏失訴訟案，也因替昔日隊友打理事務、以經紀人身分重返球場。彷彿洞悉一切，語不驚人死不休的風格讓他知名度與日俱增、事業版圖益發擴張。毫無疑問波拉斯是「勞方英雄」，和球員站在同一陣線，小蝦米對抗大鯨魚，具備觀察力、敏銳度，談判手腕高超，總能斡旋於談判桌，經典「戰役」無數，創下勝多敗少的佳績。

很多事情一體兩面，波拉斯亦然，球團批他「吸血鬼」，但他卻是勞方的「救星」，重視球員且富人情味，陳偉殷曾透露波拉斯會在球季中致電關心家裡狀況：「這是之前經紀公司從未做到的。」而當他陷入低潮之際，波拉斯也會打電話跟他聊天，瞭解他身心上的狀態還有他能夠怎麼幫他。「這對他來說不過是

就我個人認為，球探是世界上最好的工作。
～費城人球探王金勇

一通電話，但對我來說卻很重要。」

王維中也受到波拉斯不少照顧，特別是「首勝禮」還有波拉斯親筆的手寫祝福、鼓舞，這些客戶從其與自身的互動中找到「被在乎」的信任感，無可取代。二〇二〇年大聯盟因蔓延的疫情導致運作嚴重受阻，波拉斯並未對員工減薪或強制放無薪假，甚至協助支付遭釋出的旗下球員薪水，助他們度過疫情導致的生計難關，由於人心惶惶，通勤移動的過程都有風險，他甚至為客戶量身打造特殊方案：「我要讓所有球團老闆知道，如果我們的球員被交易，我們會安排私人飛機，讓客戶能安全轉隊。」此外，有情有義的波拉斯也為意外罹難的布萊恩（Kobe Bryant）完成遺願——替他友人的女兒提供實習機會。

在我看來，被稱「吸血鬼」的他是有血有肉的好人。人們常說「換了位置就換了腦袋」，許多球迷在現實生活中幾乎都是受雇的「勞方」，但切換成球迷視角時，又常為老闆喉舌：「某球員憑什麼爭取高薪啦！」屢見不鮮，十分矛盾，但各種觀點都能存在，即是「民主社會」眾說紛紜的意義。

橫看成嶺側成峰，遠近高低各不同，正如沒有人能回到過去、穿越未來，所有看法都有盲點、無法盡善盡美，然而在激盪中會出現新的火花及思辨，但願兼容並蓄、多元觀點能永續存在，不論是球壇或其他領域皆然。

（陳志強）

如果你不勇敢，沒人替你堅強。
～前中信兄弟總教練丘昌榮

最幸福的事，就是當有人因你而幸福。像是一場棒球比賽。

許律雯

許律雯

中華職棒忠實球迷、重症肌無力患者、透過演講或網路帶給正面力量。二〇一六年五月受中信兄弟邀請擔任單月MVP獎的頒獎人。

「人生道路總會遇上許多挫折，隨著傷痕累累、蛻變、成長、成熟，慢慢放下自我為中心，過程中最幸福的事，就是當有人因你而幸福。像是一場棒球比賽，團隊的互助、身旁的吶喊加油，不到最後一刻勝負未定，選擇堅持到最後，就是一種勝利……」這段話來自於一位二十多歲的小妹妹。

這位小妹妹叫許律雯，第一次看到她，是在一場球賽開打前的頒獎儀式，我擔任主持人，當天獲獎的是月MVP蔣智賢，而球團特別邀請了一位罕見疾病患者球迷來擔任頒獎。我看到一個身材瘦小的女孩，戴著粗粗的黑色鏡框，然後全身，從衣服到帽子都是兄弟商品。我請她自我介紹，個頭小小拿起麥克風講話卻是聲音非常洪亮：「大家好，我叫律雯，我前陣子在加護病房時，每天最期待的事情就是看兄弟比賽，然後看到智賢在場上，他也有先天的疾病，但在場上非常努力，我覺得非常感動。也很激勵我，我要謝謝智賢和兄弟給我的力量。」

短短的一段話，口才非常流暢，很有活力，馬上吸引大家的耳朵。完全感覺不出來是罕見疾病患者，也因為對她的活力和文字力量很有興趣，後來稍微在網路上搜尋了一下她的故事，開朗外表的背後，其實有許多心酸和煎熬，所以後來有個關於畢業季的主題日，最重要的活動就是讓球迷可以在現場拍一張球員卡，

有時候會在場上表現不好，但我不會把這種感覺帶回家，而是遺留在回家路上的酒吧。
～名人堂投手、名教頭雷蒙（Bob Lemon）

現場製作送給球迷，且每張卡片背後都會有一段固定的勵志話語，這是第二次舉辦主題日，第一次由我自己寫了背面的棒球語錄，今年看到她後，我覺得她才是最適合的人選。就撥了電話邀請她。

她的病全名叫做重症肌無力，是一種後天的疾病，在她高中時期時開始發病，有可能是因為當時太操勞，造成免疫系統出問題，神經無法傳遞，但目前也找不出原因。

發作的時候，就會全身的肌肉都無法使力，包括手腳，所以只要一發作，經常就會倒下，最危險的一點是連說話和眼睛還有呼吸要運用的肌肉，都會沒有力氣。問她總共昏倒過幾次，她說捷運站四次，火車站二次，如果在學校的話是無數次，也因為次數真的很頻繁，突然倒地時，是無法開口講話的，所以胸前還有放一張小卡片，寫著名字、症狀，還有接下來該送去哪裡急救，因為這樣至少路人可以知道怎麼救援她，每一次的昏倒接下來就是一週以上的住院、換血……等治療。

一個高中小女孩遇到這樣的罕見疾病，實在是一個重擊，幾次的急救，內心也會有放棄的黑暗念頭，但在加護病房冒出的一道曙光，卻是職棒的轉播畫面和聲音，她幾次非常痛苦的時候，職棒轉播成為她的精神糧食，球賽的團隊凝聚力還有不放棄的精神，都會帶來無比的希望。也因為這樣和棒球有了不解之緣，漸漸成為超死忠球迷。在身體許可的情況下都會到球場幫球員加油打氣，熱情到甚至還會花錢多買票，邀請朋友一起來體驗球場的現場氣氛。一起來感受這份曾經帶給她的力量。

有這樣的球迷絕對是球員的福氣，從她的文字也可以了解她對於棒球的感情：「人生道路總會遇上許多挫折，隨著傷痕累累、蛻變、成長、成熟，慢慢放下自我為中心」，她遇到過許多我們難以想像的煎熬，當呼吸或是眨眼的力氣都是奢侈時，更能感受到人類的渺小。

有時候許律雯和我聊著聊著，突然感到身體不舒服，會問我她的眼睛現在有沒有一大一小，如果有的話代表可能將要發病，有一邊的肌肉要罷工了。遇到這樣重症她還是能樂觀去面對，繼續參加活動，繼續看棒球賽，主要還是不想讓身邊的人一起悲傷，她說以前朋友或家人來到醫院，都是一直哭，都會覺得為何這樣的遭遇會發生在她身上。低落是會被影響的，她不希望別人跟著悲傷，希望自己可以帶給大家快樂而非哭哭啼啼，自己要先振作起來，別人才能一起開心。這

完成夢想，就是持續累積微不足道的事情。
～棒壇傳奇鈴木一朗

也是為什麼一個小女生會寫下，「放下自我為中心」，其中絕對有很深的自身體驗。

「過程中最幸福的事，就是當有人因你而幸福。像是一場棒球比賽，團隊的互助、身旁的吶喊加油，不到最後一刻勝負未定，選擇堅持到最後，就是一種勝利。」

她是一個勇敢的生命鬥士，也是一個很棒的棒球迷，用不一樣的角度來看一場棒球賽，棒球場有時候很像人生，一個人打好是沒有用的，同個方向的人一起合作，有人因你幸福才是最幸福的事，這是一個小女孩孩帶我們領悟的事，現在病情可能無法好轉，但還是很活躍的去旅行演講，把自己的勇氣分享出去，用小小的肌力，發揮出最大的力量，堅持奮鬥到最後，就是ＭＶＰ，對家人、朋友、隊友都是最有價值的。

（羅國禎）

不想傷害球迷的心，我只去一支球隊！

林采欣

林采欣

台灣女歌手，能唱能跳歌壇表現亮眼、演唱過多部偶像劇主題曲。

曾是二〇〇八年至二〇一〇年統一獅啦啦隊成員「狄娃獅」。其後多次擔任統一獅主場活動表演嘉賓。

二〇二〇年十月三日，台南棒球場有一場特別主題日活動，就是年度重頭戲草地音樂會，非常多的知名歌手，會來球場為大家演唱，讓球迷有精彩球賽之餘，還有好聽的演唱會欣賞，而這天的開場嘉賓林采欣，很認真的早早就到了球場，準備彩排，走進球場後，許多本來還在賽前練習的教練馬上跟她打招呼，說聲好久不見，球場的工作人員則是送上擁抱。她拿起麥克風後馬上開唱，畢竟是歌手等級的，立刻讓大家豎起耳朵，就連場邊的啦啦隊也專心看著，但聽著聽著眼眶有點泛紅，是因為太好聽了？還是林采欣的歌聲有什麼魔力？

其實不是什麼魔力，而是過去的經歷，就像歌一樣都是有故事的。場邊的啦啦隊總管Endo和林采欣是老同事了，當時一起在迪娃獅（Divas）工作，不知道迪娃獅是什麼？迪娃獅就是十幾年前的統一獅啦啦隊。

林采欣可說是統一獅啦啦隊的大學姐，倒帶回到二〇〇八年的Walkman CD年代，當年林采欣以歌手的身分加入了統一獅啦啦隊。不過當時才十八歲的她，其實不太懂棒球，連界內和界外都分不太出來。林采欣回憶，一開始連一壘、二壘、三壘也分不出來，所以都只能跟著其他隊友起鬨歡呼。但想做好這份工作的她，就回去請教出身女壘隊的媽媽，慢慢把棒球規則給搞懂弄熟，對於這個要帶領球迷的工作，專業還是不能少，也因為慢慢熟悉後，漸漸愛上了這顆小白球，現在再聊起棒球已經像是小小專家了：「喜歡看棒球的原因，是因為不定數吧，球隊都有強有弱，但比賽當天的風向，有沒有下雨、濕氣、主客場都是很大的變動因素，比起其他運動，一定要看到最後，因為可能九上還領先，但九下就被逆轉了。」

哇！從看不懂到已經可以兼職球評的精闢分析，對於這項工作，真的下了一番苦功。在那個年代啦啦隊是非常辛苦的，也很孤單，通常只有四位或是兩位在球場，環境沒有現在這麼好，沒有設看台專區、沒有音響，大部分都是靠敲鑼打鼓，然後跟著球隊南北奔波，雖然疲累，但只要贏球，她就覺得很值得。

特別當時剛好是統一三連霸時期，最感動的還是拋彩帶。「因為從看不懂，到慢慢了解比賽，特別在拋彩帶的那一瞬間，看到球員全部衝上投手丘，會覺得全隊一起加油，終於贏了。」

啦啦隊最大的成就也來自於此，「會覺得很有凝聚力，不只是一個加油的角色，我們是負責把球員和球迷拉近的那條線，那個凝聚力對我來說很震撼，當你看到所有人跟著跳一樣的動作，當球員有好表現時，大家一起歡呼，那種感動是

若看不見可能性，就無法成功。
～大聯盟史上第一位女性總管伍佩琴（Kim Ng）

很難形容的。」

亮麗的外型，當時我就有發現咱們緯來的攝影師常常把「焦」都跟在她身上。除了在場上蹦蹦跳跳之外，她當時其實也是個小歌姬，不只是演唱實力，還會利用跳啦啦隊之餘，寫歌創作，也曾經幫統一獅寫了熱血感人的加油歌，當時的創作天份藏不住，離開職棒後，專心往藝能界歌手發展，唱紅了大家熟悉的〈心牆〉，又在女生團體Roomie擔當主唱，能唱又能跳的全方位滿分，總是保持華麗的高水準演出，她也說跟啦啦隊的經歷有很大幫助，「在啦啦隊的時候，我們等於一直面對觀眾，在台上會有很多跟觀眾有互動的方法，等到後來成為歌手演出時，就很清楚臨場狀況，知道如何跟歌迷互動。」

全方位發展的林采欣在中國也有不錯成績，回到台灣發行了多張專輯，不少歌曲偶像劇選為主題曲，許多都是排行榜上大熱門。這次能夠以身手的身分回娘家，對於統一獅迷也是很大的福氣。

重回到台南球場，林采欣已經是身經百戰的實力唱將，對於球場的各個角落都很熟悉，除了見見過往的老朋友之外，更開心的是又可以和球迷見面：「以前很多球迷不知道我會唱歌，等到知道後，就很支持我，不管是我當啦啦隊或是歌手時。」也因為這份情感，過去其實唱片公司都有接洽其他球隊演出機會的念頭，但都被林采欣給擋了下來，因為：「來到這裡都會有回娘家的感覺，所以我只來這支球隊，我不想傷害球迷的心跟球隊的感情，所以除了統一之外我都不接，因為我曾經在這裡跳了兩三年，雖然有點久遠了，但還是有人看到我，就說會想到統一獅，而且我對球隊也有感情，啦啦隊期間也幫我很多，我不想把這份感情破壞掉。」

這一小段話，對比目前的時代很不一樣，現今啦啦隊員轉隊或是換穿其他隊球衣，已經變成每個球季的日常轉變，甚至比球員流動的幅度還要大，球迷們也慢慢可以接受這樣的轉變。所以林采欣有這樣的想法特別珍貴，很難得也值得鼓勵。因為就好像不管那個年代，當有球員願意終生在單一球隊，都會獲得大家的尊敬和讚賞。重感情本來就不是壞事情，雖然只是三年的啦啦隊，儘管不是臺南人，但林采欣沒把這裡當過客，展現了另一種鱷魚精神，緊緊咬住。有很多情感是不變的，就像是她對唱歌的目標一樣堅定，從小時候到十八歲進入啦啦隊，都是不斷創作，不斷的想唱給大家聽，這位來自景美的小歌姬：

只有沒準備好的人，才會緊張、才會擔心突發狀況。
～2017 年經典賽以色列總教練溫斯坦（Jerry Weinstein）

〈景美的小歌姬〉

從十一歲開始的夢想，是像阿妹一樣；
做一個優質的歌壇偶像，傳遞正能量。
讓親友都為我驕傲，鄰居街坊也都為我瘋狂；
立志要成為我們的景美之光。

回想這條追夢的路上，也是起伏跌宕；
每次心裡剛剛看到希望，就出現一道牆。
和Roomie說好一起闖，剛啓程就散落四方；
遠離家鄉找尋舞台去歌唱，卻毫無聲響。

有多少事與願違，努力白費，還微笑面對；
相信總會有誰，能聽見我的歌。
也常自我安慰，世事從沒有絕對；
或許守過夜的黑，就會見晨暉。

多少不停寫歌的時光，像是孤芳自賞；
如果不是迫不得已，誰又想要做孤芳。
也有人說我是寶藏，其實他們比我更寶藏；
只是為了這份小小的欣賞，我也會繼續唱。

（羅國禎）

把一顆棒球切開，你會看到它是有血有肉的。
～陳瑞振接受「曾公」曾文誠的訪談

我的人生其實已經嫁給球隊了。

蔡瑜君

蔡瑜君

女壘國家隊教練，曼谷亞運女壘銅牌教練，並身兼東園國小、雙園國中與華江高中女棒教練。

棒球這個發展超過百年歷史的運動，不管是現在，還是上古時代，傳統的刻板印象，棒球場總是充滿著陽剛味。百多年下來參與人口確實以男性居多，但有些經典語錄未必那麼雄性萌發，反而和愛情男女或是夫妻有關。

像是投手和捕手的關係，大家就很喜歡把它形容成夫妻的相處之道，因為一定要非常親密，如「說話的總是先生，但決定的卻是老婆」。另外知名主播徐展元的口頭禪更是家喻戶曉，「這右外野方向的高飛球，就像是脫了韁的野馬、斷了線的風箏、變了心的女友，回不來了。」超過一半的球迷，當展元說出前半段，都能自動接後面一句，「回不來啦」足以感受到這段語錄在棒壇的影響力。不過真要說到這種用愛情相關的比喻，我最喜歡也是最有感觸的，反而是另外一句，來自蔡瑜君：「我的人生其實已經嫁給球隊了。」

沒錯，既然講到了男男女女，這篇是要來看女生棒球，畢竟都用了「嫁」這個字，所以很明顯就是一位女性教練，這幾年隨著女子棒球慢慢發展起來，我也轉播到了女生組的各級比賽，但不管我是播國小、國中還是高中生，場邊總是會有一個聲音可以完全蓋過我，就是蔡瑜君教練，她一個人就率領三支女棒隊，分別是東園國小、雙園國中還有華江高中，幾乎只要是女生棒球比賽，她就會坐在

看棒球就像上教堂做禮拜，一堆人去，但懂的人少。
～前大聯盟捕手威斯壯（Wes Westrum）

自己的招牌座席，有點像是露營用折疊椅，有時會在休息室裡面、有時是在場邊、有時又會在觀眾席上面。

位置上是來無影去無蹤，但聲音卻陰魂不散：「守好啦，怎麼這樣就暴傳了，再加油，把這局守下來。」她的大嗓門在女棒界，早已遠近馳名，超越展元大師的等級。雖然蔡教練身材不高，但聲音的範圍比5G寬頻還要廣泛迅速，可以輕易貫穿到球場內的每個角落，就算是場外漫遊也可以接收得到，這些完全來自於她對於球賽的投入。

常常遇到一些被她教過的學生，只要聊起蔡教練的「場邊吶喊」，他們馬上就會回：「沒錯，超級大聲的」，回憶的聲響立刻在腦海中迴盪著。因為在球場上，她非常嚴厲，專注度稍微跑掉，會直接大聲斥責，對於球場上的每個小細節非常在乎這件事，也是我一直佩服她的一點。

而讓我敬佩的點就是，雖然不斷的叫罵，但比賽結束或換場等待時，她又能馬上和小朋友打打鬧鬧，有一次開打前，看她集合國小球員，拿起電話跟在學校的校長說：「等一下比賽有直播，我們要播給全校一起看，所以要認真表現。」但小朋友的回應是：「屁啦，不可能，怎麼可能全校一起看，教練再騙啊。」從這些俏皮的對話可以感受到，下了場後這個魔鬼教練，就會變身成安親班導師。

另外在比賽中，她的大嗓門絕對沒有浪費，很常跟裁判吵架，有一次我播到東園女棒打者被近身球打到手指和球棒的交接處，結果主審判擦棒球，蔡瑜君馬上衝上去爭論，賽後我問她怎麼這麼大反應，她說她跟裁判大吵：「這種模稜兩可的球，你就判觸身球啊，小妹妹很痛耶，不是每個家長都願意讓自己的心肝女兒來這邊曬太陽，所以對她們好一點嘛。」在吵架的這一刻，她的角色按鈕又切換，變成小朋友的媽媽了。不管裁判多兇，為母則強的防禦力，就是要幫小女兒護航到底。

蔡瑜君對於球員的心態非常了解，但其實一開始她和棒球沒有太多接觸，跟大部分的女棒一樣是快速壘球出身的，不過二、三十多年前，女棒是完全的沙漠時代，資訊可能比當時的撥接網路還要再慢。

她雖然喜歡棒球，但找不到入口，等到壘球退役後，女棒才開始有了一些進展，她嘗試過一些正式棒球比賽，後來轉任教練，就專心在培育這一塊。也因為過來人的經歷，更清楚目前女子棒壘球的處境，她總說在台灣，女棒是詭異的「向下發展」，先有成棒後，這些社會人士才再找機會，招募或是去認識一些有

「持續」就是一個力量，這個力量會愈來愈大。
～用心於基層、藉「球芽」幫助小選手的周思齊

興趣的女生，一起來參與，雖然常常碰到軟釘子，或被笑女生打什麼棒球！但因為她知道，未來這或許是女壘球員們的另外一條出路，所以盡所有的力量也要把它發展起來。

和蔡教練認識應該二十多年了，起初我還是台北體院的學生，她已經是北體以及國家隊的女壘教練，離開學校後再遇到，她真的開口閉口都是棒球經，要怎麼樣推廣女棒？要怎麼讓女生來學棒球？

後來真的有交集已是二〇一八年，學生棒球聯賽終於有了女子組比賽，我跟拍的花蓮平和國中，和她執教的雙園國中對打，賽後她聊到的是：「哇！這幾個花蓮的小女生，雖然才剛學棒球但素質很好，她們有沒有聯絡方式，未來看有沒有機會來這邊學習。這樣以後聯賽才會有更多球隊來參加。」

有了這個開端，後來連國小和高中都有女子棒球聯賽了，而且，每個比賽都有她的身影，（再說一次）因為蔡瑜君身兼三支球隊教練。賽後的聊天依舊日常是：這屆的國小生，誰誰誰不錯，我要幫她升上國中，要不然就是這個國中投手不錯，未來要帶她去高中繼續當投手。甚至連非比賽期間，接到她的電話也是：「你最近有空的話，可不可以來幫我個忙，幫我拍攝幾個球員的動作，我要錄下來，把影片寄到日本，看她們有沒有機會去日本旅外發展。」

蔡教練真的好像是嫁給球隊了啊，嫁過門後，生活中的柴米油鹽醬醋茶都是棒球的形狀，為了家裡的小孩，操心著她們的未來，每隔一年再看到她，都是白頭髮又多了幾層，接了三支球隊，煩惱也是三倍吧！

展元大師的那句經典名言「變了心的女友」，套用在蔡瑜君的棒球人生上，好像就不怎麼貼切了，因為她不會變心，已經徹徹底底嫁給棒球了，應該是「離不開了」才合適吧。

我個人不喜歡「成功」這個名詞，這太武斷了，而且這是別人的定義，不是你自己的。

～「打擊之神」鈴木一朗

國家圖書館出版品預行編目資料

棒球驚嘆句 3 ／陳志強、羅國禎著 .—— 初版 —— 臺中市：好讀，2021.07　面：　公分，——（名言集；17）

ISBN 978-986-178-552-3（平裝）

1. 格言

192.8　　110010198

好讀出版

名言集 17

棒球驚嘆句 3

作者／陳志強、羅國禎
內頁繪圖／許承菱
總編輯／鄧茵茵
文字編輯／莊銘桓
美術編輯／鄭年亨
行銷企劃／劉恩綺
發行所／好讀出版有限公司
台中市407西屯區何厝里19鄰大有街13號
TEL:04-23157795　FAX:04-23144188
http://howdo.morningstar.com.tw
（如對本書編輯或內容有意見，請來電或上網告訴我們）
法律顧問／陳思成律師

讀者服務專線　TEL:（02）23672044 /（04）23595819#230
讀者傳眞專線　FAX:（02）23635741 /（04）23595493
讀者專用信箱　service@morningstar.com.tw
網路書店　http://www.morningstar.com.tw
郵政劃撥　15060393（知己圖書股份有限公司）

印刷／上好印刷股份有限公司
初版／ 2021 年 7 月 15 日
定價／ 300 元
如有破損或裝訂錯誤，請寄回台中市 407 工業區 30 路 1 號更換

Published by How Do Publishing Co., LTD.
2021 Printed in Taiwan
ISBN 978-986-178-552-3

線上讀者回函
更多好讀資訊